REPRESENTAÇÃO COMERCIAL VITORIOSA
ESTRATÉGIAS E DIREITOS DO EMPRESÁRIO

Editora Appris Ltda.
1.ª Edição - Copyright© 2024 do autor
Direitos de Edição Reservados à Editora Appris Ltda.

Nenhuma parte desta obra poderá ser utilizada indevidamente, sem estar de acordo com a Lei nº 9.610/98. Se incorreções forem encontradas, serão de exclusiva responsabilidade de seus organizadores. Foi realizado o Depósito Legal na Fundação Biblioteca Nacional, de acordo com as Leis nos 10.994, de 14/12/2004, e 12.192, de 14/01/2010.

Catalogação na Fonte
Elaborado por: Dayanne Leal Souza
Bibliotecária CRB 9/2162

K399r 2024	Kern, Luciano Fermino Representação comercial vitoriosa: estratégias e direitos do empresário / Luciano Fermino Kern. – 1. ed. – Curitiba: Appris, 2024. 98 p. ; 21 cm. (Coleção Direito e Constituição). Inclui referências. ISBN 978-65-250-6166-5 1. Representação comercial. 2. Representante. 3. Representado. I. Kern, Luciano Fermino. II. Título. III. Série. CDD – 346.07

Livro de acordo com a normalização técnica da ABNT

Appris *editora*

Editora e Livraria Appris Ltda.
Av. Manoel Ribas, 2265 – Mercês
Curitiba/PR – CEP: 80810-002
Tel. (41) 3156 - 4731
www.editoraappris.com.br

Printed in Brazil
Impresso no Brasil

Luciano Fermino Kern

REPRESENTAÇÃO COMERCIAL VITORIOSA
ESTRATÉGIAS E DIREITOS DO EMPRESÁRIO

FICHA TÉCNICA

EDITORIAL — Augusto Coelho
Sara C. de Andrade Coelho

COMITÊ EDITORIAL — Marli Caetano
Andréa Barbosa Gouveia - UFPR
Edmeire C. Pereira - UFPR
Iraneide da Silva - UFC
Jacques de Lima Ferreira - UP

SUPERVISOR DA PRODUÇÃO — Renata Cristina Lopes Miccelli

PRODUÇÃO EDITORIAL — Sabrina Costa

REVISÃO — Manuella Marquetti

DIAGRAMAÇÃO — Andrezza Libel

CAPA — Carlos Pereira

REVISÃO DE PROVA — Sabrina Costa

COMITÊ CIENTÍFICO DA COLEÇÃO DIREITO E CONSTITUIÇÃO

DIREÇÃO CIENTÍFICA — Antonio Evangelista de Souza Netto (PUC-SP)

CONSULTORES — Ana Lúcia Porcionato (UNAERP)

Arthur Mendes Lobo (UFPR)

Augusto Passamani Bufulin (TJ/ES – UFES)

Carlos Eduardo Pellegrini (PF - EPD/SP)

Danielle Nogueira Mota Comar(USP)

Domingos Thadeu Ribeiro da Fonseca (TJ/PR – EMAP)

Elmer da Silva Marques (UNIOESTE)

Georges Abboud (PUC/SP)

Guilherme Vidal Vieira (EMPAP)

Henrique Garbelini (FADISP)

José Laurindo de Souza Netto (TJ/PR – UFPR)

Larissa Pinho de Alencar Lima (UFRGS)

Luiz Osório de Moraes Panza (Desembargador TJ/PR, professor doutor)

Luiz Rodrigues Wambier (IDP/DF)

Marcelo Quentin (UFPR)

Mário Celegatto (TJ/PR – EMAP)

Mário Luiz Ramidoff (UFPR)

Maurício Baptistella Bunazar (USP)

Maurício Dieter (USP)

Ricardo Freitas Guimarães (PUC/SP)

Dedico esta obra primeiramente a Deus, por sempre iluminar minhas decisões e acompanhar meu caminho.

À minha esposa, Luciana, minha companheira, que é responsável por me trazer segurança para poder trabalhar — sem ela, nada seria possível.

À minha mãe, Albertina, mulher forte, guerreira, que mesmo com tão pouco estudo ensinou-me a arte das vendas, minha primeira profissão, da qual tenho muito orgulho.

A meu pai, Milton, que, mesmo sem dizer nada, mostrou-me com exemplos que mais vale errar tentando do que nunca errar por não ter tentado.

Ao meu sócio, compadre, amigo e "irmão", Washington, pessoa de tantas qualidades que seria impossível descrevê-las, a quem devo a coragem para começar.

Aos meus filhos, Gustavo, Guilherme e Gael, presentes de Deus, aqueles por quem eu daria minha vida com alegria, com vocês tudo vale a pena — sem vocês, nada tem sentido.

AGRADECIMENTOS

Agradeço imensamente à minha equipe da Kern & Oliveira Advogados Associados, equipe tão valorosa, cada um com suas qualidades, com um encaixe tão fino que me leva a crer que não foram escolhidos por mim ou meus sócios, mas por Deus.

Se alguém consegue, eu também consigo, nem que para isso eu tenha que trabalhar dez vezes mais.

(Luciano Fermino Kern)

APRESENTAÇÃO

É com grande satisfação que apresento esta obra, que é dedicada aos empresários, obra esta que é abrangente e indispensável sobre a representação comercial, seus intricados meandros e, especialmente, os direitos e os deveres inerentes tanto ao representante quanto ao representado. No universo dinâmico dos negócios, a representação comercial desempenha um papel crucial na promoção de parcerias sólidas e na expansão eficaz das atividades comerciais.

No decorrer destas páginas, o empresário descobrirá como fazer uma contratação sem riscos, para que no término da parceria com o representante não tenha surpresas.

O mundo empresarial está em constante evolução, e compreender as nuances da relação entre representante e representado é fundamental para o sucesso mútuo. Este livro foi meticulosamente elaborado para oferecer uma visão abrangente e atualizada das questões legais, éticas e práticas que permeiam essa interação crucial.

Mergulhe em um compêndio abrangente que desvenda os intricados aspectos da representação comercial, revelando os direitos e os deveres tanto do representante quanto do representado. Este livro oferece uma análise aprofundada das complexidades legais, estratégicas e éticas envolvidas nessa dinâmica parceria empresarial.

Do papel crucial do representante na promoção e venda de produtos ou serviços à confiança depositada pelo representado, cada capítulo apresenta uma exploração minuciosa dos desafios e das oportunidades que permeiam esse relacionamento comercial vital.

Exploraremos, de maneira clara e acessível, os fundamentos jurídicos que regem a representação comercial, analisando contratos, responsabilidades e as implicações legais envolvidas. Além disso, destacaremos os desafios comuns enfrentados por ambas as partes, apresentando estratégias para mitigar conflitos e promover uma colaboração produtiva.

Ao longo destas páginas, os leitores encontrarão uma fonte valiosa de conhecimento, repleta de exemplos práticos, insights de especialistas e análises aprofundadas. Este livro não apenas servirá como um guia prático para profissionais envolvidos na representação comercial, mas também como uma referência essencial para estudantes, acadêmicos e qualquer pessoa interessada em compreender as complexidades dessa área estratégica.

Esta é uma obra indispensável para empresários, advogados, estudantes e todos os envolvidos no universo da representação comercial, oferecendo uma perspectiva esclarecedora e prática sobre como estabelecer e manter relações comerciais bem-sucedidas e éticas.

Expresso meu profundo agradecimento aos colaboradores, especialistas e profissionais que contribuíram para a criação deste livro. Seu empenho e expertise enriqueceram esta obra, tornando-a uma ferramenta valiosa para todos aqueles que buscam a excelência na representação comercial.

Espero, ainda, que esta leitura proporcione *insights* valiosos e inspire uma reflexão aprofundada sobre as responsabilidades, os desafios e as oportunidades que permeiam a relação entre representante e representado no contexto comercial. Que este livro seja um guia confiável e inspirador para aqueles que buscam alcançar o sucesso sustentável em suas empreitadas comerciais.

SUMÁRIO

1
INTRODUÇÃO 15

2
HISTÓRICO 17

2.1 DELINEAMENTO HISTÓRICO 17

2.2 EVOLUÇÃO LEGISLATIVA DA REPRESENTAÇÃO COMERCIAL 18

2.3 REPRESENTAÇÃO COMERCIAL E O CÓDIGO CIVIL DE 2002 24

3
CONTRATO DE REPRESENTAÇÃO COMERCIAL 27

3.1 CONCEITO 27

3.1.1 Sujeitos do contrato de representação comercial 29

3.2 REQUISITOS DO CONTRATO DE REPRESENTAÇÃO COMERCIAL ... 30

3.2.1 Indicação genérica ou específica dos produtos ou artigos objeto da representação comercial 31

3.2.2 Prazo certo ou indeterminado do contrato de representação comercial .. 32

3.2.3 Quando o contrato por prazo certo se torna por prazo indeterminado 34

3.3 DA VEDAÇÃO À CLÁUSULA *DEL CREDERE* 35

3.4 CONTRATO ESCRITO OU VERBAL 38

4
RESCISÃO CONTRATUAL 41

4.1 HIPOSSUFICIÊNCIA RELATIVA DO REPRESENTANTE COMERCIAL 41

4.2 DA RESCISÃO CONTRATUAL SEM JUSTA CAUSA NOS CONTRATOS POR TEMPO INDETERMINADO 43

4.2.1 Aviso prévio 43

4.2.2 Indenização do artigo 27, "j" 48

4.3 DA INDENIZAÇÃO NOS CONTRATOS POR TEMPO DETERMINADO 51

4.4 DA RESCISÃO CONTRATUAL POR JUSTA CAUSA 52

4.4.1 Da rescisão contratual por justa causa, por culpa do representante 53

4.4.1.1 A desídia do representante no cumprimento das obrigações decorrentes do contrato. 54

4.4.1.2 A prática de atos que importem em descrédito comercial do representado 56

4.4.1.3 A falta de cumprimento de quaisquer obrigações inerentes ao contrato de representação comercial 58

4.4.1.4 A condenação definitiva por crime considerado infamante 60

4.4.1.5 Força maior 61

4.4.2 Da rescisão contratual por justa causa, por culpa do representado ...63

4.4.2.1 Redução de esfera de atividade do representante em desacordo com as cláusulas do contrato 64

4.4.2.2 A quebra, direta ou indireta, da exclusividade, se prevista no contrato...65

4.4.2.3 A fixação abusiva de preços em relação à zona do representante, com o exclusivo escopo de impossibilitar-lhe ação regular 67

4.4.2.4 O não pagamento de sua retribuição na época devida 69

4.4.2.5 Força maior 71

4.5 COMPETÊNCIA JURISDICIONAL 72

4.6 MANUAL DE CONTRATO DE REPRESENTAÇÃO COMERCIAL......75

4.6.1 Exclusividade Territorial 76

4.6.2 Sub-representação e exclusividade do representante 77

4.6.3 Retribuição 77

4.6.4 Mandato 78

4.6.5 Legislação Aplicável 78

4.6.6 Modelo de contrato de representação comercial 78

5
CONCLUSÃO 93

REFERÊNCIAS 95

1

INTRODUÇÃO

Do início ao fim, entenda os direitos e deveres dos representantes comerciais para fazer uma contratação sem riscos.
(Luciano Fermino Kern)

A presente obra apresenta-se com o escopo inicial de tratar das indenizações devidas ao representante comercial no caso de rescisão contratual motivada ou imotivada. Quando a figura do representante comercial surgiu, não havia legislação específica para regular suas relações, e foi depois de muita luta, por parte dos representantes comerciais, que eles conseguiram que nossos legisladores positivassem uma lei para regular as relações entre os representantes comerciais e as empresas representadas, sendo a Lei 4.886, de 9 de dezembro de 1965[1], e que depois foi alterada em alguns pontos pelo advento da Lei 8.420, de 8 de maio de 1992[2]. Torna-se importante salientar que essas leis estão em vigor até a presente data.

Mesmo com o advento da referida lei e sua alteração, ainda existem alguns pontos a serem discutidos, dentre eles está a indenização de 1/12 avos pela denúncia no contrato de representação comercial. Quando essa indenização será devida? E além dessa indenização, haverá outras penalidades pela denúncia contratual? Dúvidas essas que com este estudo procurarei esclarecer.

---

[1] BRASIL. Lei nº 4.886, de 9 de dezembro de 1965: regula as atividades dos representantes comerciais autônomos. **Diário Oficial da União**, Brasília, 9 dez. 1965. Disponível em: http://www.planalto.gov.br/ccivil_03/Leis/L4886.htm. Acesso em: 26 jan. 2024.

[2] BRASIL. Lei nº 8.420 de 8 de maio de 1992: introduz alterações na Lei nº 4.886, de 9 de dezembro de 1965. **Diário Oficial da União**, Brasília, 8 maio 1992. Disponível em: http://www.planalto.gov.br/ccivil_03/Leis/L8420.htm. Acesso em: 26 jan. 2024.

Além disso, os representantes comerciais fazem parte de uma classe numerosa e de expressão significativa na economia de nosso país. Merecem, pois, um estudo aprofundado na elucidação de seus direitos, uma vez que trará grande contribuição à sociedade ao oferecer esclarecimentos sobre os direitos dos representantes comerciais.

Objetiva-se, no decorrer deste livro, analisar a rescisão contratual do representante comercial para concluir quais indenizações serão devidas no caso de uma rescisão contratual motivada ou imotivada.

Pretende-se, ainda, especificamente em cada caso de rescisão, demonstrar quando será devida e qual a base de cálculo para a indenização de 1/12 avos referente à denúncia nos contratos de representação comercial, bem como descrever qual o critério utilizado para a fixação da competência, nos casos de representantes comerciais pessoa física e pessoa jurídica, e se será respeitado o foro eleito contratualmente.

Para melhor organização, o livro foi estruturado em quatro capítulos. Em um primeiro momento, aborda-se o histórico da representação comercial, sua evolução legislativa até o Código Civil Brasileiro de 2002. Em um segundo momento, traz o contrato de representação comercial, seu conceito, sujeitos e requisitos do contrato. Além disso, trata também da importância da definição do prazo na celebração do contrato, e quando um contrato celebrado por prazo determinado se torna por prazo indeterminado.

O quarto capítulo apresenta os aspectos da rescisão contratual, ressaltando a hipossuficiência relativa do representante em relação ao representado. Aborda, ainda, o direito ao aviso prévio, que pode ser concedido ou indenizado, e a alteração, no prazo de concessão, trazida pelo Código Civil de 2002.

Destaca-se, ainda no quarto capítulo, especificamente cada caso de rescisão contratual, quais as indenizações devidas e quando são devidas, além de diferenciar a indenização em caso de uma rescisão contratual nos contratos celebrados por prazo determinado ou indeterminado. Esclarece-se também qual a competência jurisdicional para receber e julgar as lides advindas dos contratos de representação comercial.

2

HISTÓRICO

Neste capítulo, serão abordados primeiramente os aspectos históricos da representação comercial, logo após será feita uma análise da evolução legislativa mundial, que regula essa classe, até chegarmos à legislação brasileira, e, por fim, far-se-á um contraponto entre a lei especial que regula as relações dessa classe e o Código Civil Brasileiro de 2002.

2.1 DELINEAMENTO HISTÓRICO

No início do século XIX, com a Revolução Industrial houve a necessidade de se criar técnicas de vendas para a comercialização, principalmente de produtos manufaturados, pois os meios de transporte da época eram rudimentares, as viagens longas e os meios de comunicação à distância praticamente não existiam. Foi então necessária a contratação de terceiros para efetuar as vendas desses produtos[3].

Primeiramente, surgiu a figura do caixeiro-viajante, que atuava como empregado e nessa condição trazia altos encargos e responsabilidades demasiadas à empresa produtora. Logo após, com o intuito de redução de despesas e responsabilidades vinculadas à empresa produtora, surgiu a figura do representante comercial[4].

O relato mais antigo que se tem a respeito de representação comercial advém do ano de 1837, em um romance do escritor Balzac[5], o qual intitula um de seus personagens como agente

---

[3] REQUIÃO, Rubens. **Do representante comercial:** Comentários à lei n. 4.886, de dezembro de 1965, à lei n. 8.420, de 8 de maio de 1992, e ao Código Civil de 2002. Rio de Janeiro: Forence, 2008.

[4] REQUIÃO, 2008.

[5] "Recorda-se que Balzac, em 1837, num de seus romances, se refere aos *commins voyagers*, para apresentar sob essa qualificação o personagem M. Goudissart. Nele o Prof. Hémard identifica um agente comercial." (REQUIÃO, 2008, p. 1).

comercial, expressão utilizada até hoje na Europa para representante comercial e que o Código Civil Brasileiro de 2002 também passou a adotar[6].

O que impulsionou a criação dos representantes comerciais foi que a contratação de vendedores, caixeiros ou comissários traziam despesas e responsabilidades que eram arcadas totalmente pelo empregador, e ao empregado cabia apenas a relação interna de prestar contas ao empregador. Então, com o surgimento da representação comercial, essas despesas, e também os riscos do negócio, passaram para o representante comercial, que é o responsável por arcar com todos os riscos do negócio. Com o mesmo entendimento, Requião corrobora:

> As dificuldades de comunicação impunham ao produtor consignar em mãos de comissários as mercadorias de que era proprietário, para serem vendidas aos clientes como se fossem dele, isto é, em seu nome, embora por conta do comitente. Todas as reclamações e ações eram suportadas pelo comissário, que, por assim dizer, envolvia o comitente. Cabia-lhe, apenas, na relação interna que se estabelecia, prestar contas ao comitente[7].

Porém, a representação comercial, apesar de ser atividade essencial na circulação de bens e serviços, só passou a ser positivada no ano de 1897 na Alemanha, 1942 na Itália, e em 1968 no Brasil.

2.2 EVOLUÇÃO LEGISLATIVA DA REPRESENTAÇÃO COMERCIAL

Como já destacado anteriormente, em um contexto mundial, tem-se o primeiro relato de positivação específica da representação comercial na Alemanha, pela instituição da Lei HGB – Art. 84 a 92, seção VII, datada de 10 de maio de 1897. Após esse país, veio a Áustria, em 24 de junho de 1921, depois foi a vez da Itália,

---

[6] REQUIÃO, 2008.
[7] REQUIÃO, 2008, p. 1.

em 4 de fevereiro de 1949, nos artigos 1742 e ss. do Código Civil Italiano, e em seguida o Japão, em 1951, no art. 46 e ss. do seu código de comércio[8].

A França regulamentou a atividade em duas etapas: a primeira foi em 23 de dezembro de 1958, pelo decreto 58-1.345, que regulamentou a atividade, mas erroneamente qualificou o representante como empregado, o que foi sanado em uma segunda etapa, com o advento do decreto 68-765 de 22 de agosto de 1968. Logo após, veio a regulamentação na Argentina pela Lei 14.546 de 27 de outubro de 1958, e, por fim, o Brasil, que por meio de muitas lutas conseguiu regulamentar a atividade por intermédio da Lei 4886, de 9 de dezembro de 1965[9].

No Brasil, a maior dificuldade na instituição da Lei 4886, de 9 de dezembro de 1965, foi a diferenciação entre o contrato de trabalho e o contrato de representação comercial, sendo que este desempenha uma atividade autônoma, que é por excelência sem vínculo ou subordinação, enquanto aquele atua como empregado. Segundo Requião:

> A grande preocupação dos juristas e dos legisladores que trataram do tema, lá como aqui, foi a de estabelecer a diferença entre o contrato de agência ou representação comercial e o contrato de trabalho, este sujeito ao Direito Social. O agente ou representante comercial, por conseguinte, desempenha uma atividade autônoma e independente em relação à empresa a que serve, o que não ocorre com o empregado[10].

Os representantes comerciais foram de extrema importância no desenvolvimento do comércio nacional no início do século XX, tendo em vista que, com grandes dificuldades oriundas das péssimas condições de comunicação e transporte da época, abriam as praças para a venda dos produtos das empresas manufaturei-

---

[8] BUENO, José Hamilton; MARTINS, Sandro Gilbert. **Representação comercial e distribuição:** 40 anos da lei 4.886/65 e novidades do CC/02 (arts. 710 a 721). EC 45/04. São Paulo: Saraiva, 2006.

[9] BUENO; MARTINS, 2006.

[10] REQUIÃO, 2008, p. 8.

ras, ajudando, assim, no desenvolvimento dessas empresas e, por conseguinte, do país. Porém, anteriormente à promulgação da Lei 4886, de 9 de dezembro de 1965, ocorria que depois dos representantes comerciais conquistarem a clientela, nessas praças distantes, a empresa representada dispensava os trabalhos do representante comercial sem nenhuma indenização ou compensação pelo trabalho realizado, trazendo enorme prejuízo aos representantes, conforme leciona Requião:

> Eram os representantes comerciais párias de nossa organização econômica e social. Abriam eles com árduos esforços as diferentes praças do país aos produtos das empresas manufatureiras. Quando tinham assegurado valiosa clientela e vulgarizado o consumo da mercadoria representada, eram dispensadas sem-cerimônia com enormes prejuízos, sem a mínima compensação ou sequer reconhecimento das "casas representadas"[11].

Então, em 1949, na II Conferência Nacional das Classes Produtoras, ocorrida na estância mineira de Araxá, iniciaram-se as reivindicações da classe dos representantes comerciais, onde foi aprovada uma resolução com o objetivo de que a Conferência enviasse um pedido à comissão que elaborava o Projeto de Código Comercial da época, para que no novo código fosse caracterizada e definida a figura do representante comercial e, por consequência, fossem também definidas as garantias e os deveres dos representantes comerciais. Esse apelo foi enviado também para a Câmara dos Deputados e foi redigido na Recomendações de Araxá, n.º 4, p. 176, conforme assinalou Rubens Requião:

> [...] na II Conferência Nacional das Classes Produtoras, realizada em 1949, na estância mineira de Araxá, foi levantada a bandeira da reivindicação classista, aprovando-se resolução no sentido de que a Conferência se dirigisse à comissão que elaborava então Projeto de Código Comercial, no Ministério da Justiça, solicitando que no novo diploma fosse

---

[11] *Ibid.*, p. 9.

definida e caracterizada a figura jurídica do representante comercial, bem como se estabelecessem as necessárias garantias da profissão, e que igual apelo fosse dirigido à Câmara dos Deputados (Recomendações de Araxá, n. 4, p. 176)[12].

Logo após Araxá, os representantes comerciais reuniram-se em São Paulo no 1 Congresso Nacional de Representantes Comerciais para dar sequência às suas reivindicações, e foi dali que surgiu o anteprojeto de Lei 1.171/1949, apresentado ao Congresso Nacional, que não teve sucesso, mesmo em outras legislaturas[13].

Em 1961, os representantes comerciais tiveram melhor sorte, pois o então deputado Barbosa Lima Sobrinho apresentou o Projeto n.º 2.794/61, o qual foi aprovado e remetido ao Senado Federal, onde sofreu alterações, que resultou no substitutivo n.º 38/63, que só então foi votado e aprovado. A redação final chegou a ser publicada no Diário do Congresso, no entanto, o projeto foi vetado pelo então Presidente Castelo Branco[14].

Dentre os motivos do veto presidencial estão as semelhanças que o projeto tinha com o contrato de trabalho dos vendedores, viajantes e pracistas, que era regido pela Lei n.º 3.207/57. O projeto tinha o intuito de estender aos representantes comerciais as vantagens e garantias dos trabalhadores assalariados, e tal equiparação é incabível, visto que na representação comercial não há dependência econômica ou subordinação, e, ainda, o contrato de representação comercial geralmente é exercido entre duas pessoas jurídicas. Dessa forma, não há como se falar em relação de emprego entre duas pessoas jurídicas. Rubens Requião entende que:

> Esse projeto, com efeito, tinha a viciosa pretensão de assemelhar de muito o contrato de representação comercial ao contrato de trabalho dos vendedores, viajantes e pracistas, regulado pela Lei n. 3.207, de 24 de julho de 1957. Nas razões do "veto", a Presidência

---

[12] REQUIÃO, 2008, p. 9.
[13] *Idem.*
[14] *Idem.*

da República acusava o projeto de procurar transformar a relação jurídica entre representantes e representados "em locação de serviços apenas para o fim de estender aos representantes vantagens e garantias que a legislação do trabalho assegura ao trabalhador assalariado. A equiparação foi considerada incabível, não só por não existir, no caso, qualquer relação de emprego, dependência econômica ou subordinação hierárquica como a representação comercial pode e é, comumente, exercida por pessoas jurídicas (e assim reconhecia o projeto em seu art. 17). "Ora, seria um contra-senso falar em relação de emprego entre duas pessoas jurídicas[15].

No entanto, o Presidente Castelo Branco solicitou que o Ministério da Indústria e do Comércio analisasse aquele assunto para conciliar os interesses em foco e, naquele mesmo ano, o ministério apresentou novo projeto, que foi aprovado sem quaisquer alterações. Dele resultou a Lei n.º 4.886, de 9 de dezembro de 1965, que regula a atividade dos representantes comerciais até o presente momento. A referida lei criou um registro dos profissionais e também órgãos disciplinadores, quais sejam, Conselhos Regionais e Conselho Federal dos Representantes Comerciais, e, por fim, traçou diretrizes para os respectivos contratos, atendendo, na época e em princípio, aos anseios dos representantes comerciais[16].

Com o passar dos anos, a Lei 4.886/65 foi se afastando da realidade da atividade prática de representação comercial, e, dessa forma, tornou-se necessário um trabalho de revisão e aperfeiçoamento. A partir de meados da década de 1980, com base na experiência diária de atuação jurídica do Conselho Regional dos Representantes Comerciais do Paraná, foi realizado um estudo com o intuito de fundir várias questões que envolviam a representação comercial para a elaboração de um anteprojeto de lei que resolvesse os novos problemas da representação comercial. De acordo com Rubens Edmundo Requião:

---

[15] REQUIÃO, 2008, p. 9-10.

[16] REQUIÃO, 2008.

REPRESENTAÇÃO COMERCIAL VITORIOSA: ESTRATÉGIAS E DIREITOS DO EMPRESÁRIO

> Buscou-se no Paraná, em meados da década de 1980, fundir as várias questões que envolviam a representação comercial num estudo sistemático. Obteve-se, na experiência diária de atuação na consultoria jurídica do Conselho Regional dos Representantes Comerciais do Paraná e do Sindicato dos Representantes Comerciais do Paraná, o material necessário para formular um anteprojeto de lei que, dentro do possível, resolvesse os problemas de representação comercial autônoma[17].

Então, depois de muitas idas e vindas ao Congresso Nacional, crises políticas que o país atravessara naquela época, foi só em 1992 que aquele anteprojeto de lei, baseado nas singelas fichas de consultas dos Representantes Comerciais do Paraná, foi transformado na Lei 8.420, de 8 de maio de 1992, modificadora da Lei 4.886/65[18].

A Lei 8.420/92, mostrou-se uma intervenção do Estado na autonomia de contratar do representante comercial, uma vez que a Lei 4.886, de 9 de dezembro de 1965, já trazia as diretrizes para o contrato de representação comercial, porém muitos pontos ficavam livres à autonomia de vontades, o que era um problema, pois quase sempre estava em favor da empresa representada. Então, o desequilíbrio econômico entre as partes contratantes era, e é até hoje, manifesto, o poder econômico da representada, confrontado com a humilde condição do representante, torna-o incapaz de discutir as cláusulas contratuais. Ressalta-se que, na maioria das vezes, o representante assina um contrato já pronto, com todas as cláusulas, redigido pela representada, típico contrato de adesão[19].

A nova lei em momento algum procura dar aos representantes comerciais privilégios, mas, sim, equilíbrio nas relações entre representante e representado, dado que aquele não tem poder econômico para enfrentar este. A lei ainda deixou pontos para discussão na

---

[17] REQUIÃO, Rubens Edmundo. **Nova regulamentação da representação comercial autônoma.** 3. ed. adapt. ao Código Civil – Lei n. 10.406, de 10 de janeiro de 2002. São Paulo: Saraiva, 2007a. p. 1.

[18] REQUIÃO, 2007a.

[19] *Idem.*

elaboração do contrato de representação, e o que a nova lei fez foi intervir em alguns aspectos, visando ao equilíbrio jurídico na relação representante–representado.

Desses pontos de intervenção, destaca-se, então, a proibição de renovação ou celebração sequencial de contratos a prazo determinado com o mesmo representante comercial, cuja intenção era evitar o pagamento da indenização pela denúncia contratual por parte da representada (Art. 27, j, Lei 8.420/92)[20]; proibição da instituição da cláusula *del credere*, que gerava responsabilidade solidária do comprador com o representante em relação ao representado (Art. 43 Lei 8.420/92)[21]; instituição do vencimento antecipado das comissões, em caso de denúncia por parte do representado (Art.32 §5°)[22]; regulamentação do contrato de sub-representação comercial (Art. 42 Lei 8.420/92)[23]; enfim, mudanças que trouxeram um melhor equilíbrio nessa relação[24].

2.3 REPRESENTAÇÃO COMERCIAL E O CÓDIGO CIVIL DE 2002

O novo Código Civil Brasileiro, Lei 10.406, de 10 de janeiro de 2002, passou a tratar do assunto representante comercial em seus artigos 710 a 721, porém com outra denominação, qual seja, "agente", o que, aliás, o direito europeu já o fez há muito tempo. Essa mudança foi apenas na nomenclatura, pois a sua função continua sendo exatamente a mesma, conforme observa-se nas palavras de Humberto Theodoro Junior: "O novo Código Civil,

---

[20] "Art. 27, j, Indenização devida ao representante pela rescisão do contrato fora dos casos previstos no art. 35, cujo montante não poderá ser inferior a 1/12 (um doze avos) do total da retribuição auferida durante o tempo em que exerceu a representação." (BRASIL, 1992, p. 7).

[21] "Art. 43. É vedada no contrato de representação comercial a inclusão de cláusulas del credere." (BRASIL, 1992, p. 9).

[22] "Art. 32 § 5° Em caso de rescisão injusta do contrato por parte do representando, a eventual retribuição pendente, gerada por pedidos em carteira ou em fase de execução e recebimento, terá vencimento na data da rescisão." (BRASIL, 1992, p. 8).

[23] "Art. 42. Observadas as disposições constantes do artigo anterior, é facultado ao representante contratar com outros representantes comerciais a execução dos serviços relacionados com a representação." (BRASIL, 1992, p. 9).

[24] REQUIÃO, 2007a.

a exemplo do direito europeu, abandonou o homem iuris de 'representante comercial', substituindo-o por 'agente'. Sua função, porém, continua sendo exatamente a mesma do representante comercial autônomo."[25].

No entanto, o novo diploma legal não regula inteiramente o novo contrato típico, pois de modo expresso ressalva a eficácia da lei especial. Assim, o que preconiza o artigo 710, do Código Civil atual, para o contrato de agência é um conteúdo genérico com um alcance indeterminado de atividades que se enquadrem no texto deste artigo:

> Art. 710. Pelo contrato de agência, uma pessoa assume, em caráter não eventual e sem vínculos de dependência, a obrigação de promover, à conta de outra, mediante retribuição, a realização de certos negócios, em zona determinada, caracterizando-se a distribuição quando o agente tiver à sua disposição a coisa a ser negociada.
>
> Parágrafo único. O proponente pode conferir poderes ao agente para que este o represente na conclusão dos contratos[26].

No artigo citado anteriormente, observa-se que também prevê a agência e a distribuição, que são o mesmo contrato, não se podendo confundir como contratos distintos. O que o artigo prevê, quando menciona distribuição, é a delegação ao representante/agente de mais uma função, qual seja, ter a mercadoria em seu poder para entregar ao comprador. O representante atua, nesse caso, como depositário, nunca atua em nome próprio, mas em nome da empresa que representa. Por essa razão, não se pode confundir contratos de distribuição como um gênero a que pertencem outras classes de negócios jurídicos que têm como mesmo escopo o aumento da

---

[25] THEODORO JUNIOR, Humberto. Do contrato de agência e distribuição no novo código civil. **Revista da Faculdade de Direito – Universidade Federal de Minas Gerais**, n. 42, 2002. Disponível em: https://www.direito.ufmg.br/revista/index.php/revista/article/view/1252. Acesso em: 26 jan. 2024. p. 130.

[26] BRASIL. Lei 10.406, de 10 de janeiro de 2002. Institui o Código Civil. **Diário Oficial da União**: Brasília, 10 jan. 2002. Disponível em: http://www.planalto.gov.br/ccivil_03/LEIS/2002/L10406. htm. Acesso em: 26 jan. 2024. p. 64.

clientela, como a comissão mercantil, mandato mercantil, fornecimento, revenda ou concessão comercial, franquia comercial etc. Este é o entendimento de Humberto Theodoro Junior:

> A palavra "distribuição" é daquelas que o direito utiliza com vários sentidos. Há uma ideia genérica de distribuição como processo de colocação dos produtos no mercado. Aí se pensa em contratos de distribuição como um gênero a que pertencem os mais variados negócios jurídicos, todos voltados para o objetivo final de alcançar e ampliar a clientela (comissão mercantil, mandato mercantil, representação comercial, fornecimento, revenda ou concessão comercial, franquia comercial, etc.). Há, porém, um sentido mais restrito, que é aquele com que a lei qualifica o contrato de agência. No teor do art. 710 do Código Civil, a distribuição não é a revenda feita pelo agente. Esse nunca compra a mercadoria do preponente. É ele sempre um prestador de serviços, cuja função econômica e jurídica se localiza no terreno da captação de clientela. A distribuição que eventualmente, lhe pode ser delegada, ainda faz parte da prestação de serviços. Ele age como depositário apenas da mercadoria do preponente, de maneira que, ao concluir a compra e venda e promover a entrega de produtos ao comprador, não age em nome próprio, mas o faz em nome e por conta da empresa que representa. Ao invés de atuar como vendedor atua como mandatário do vendedor[27].

Dessa forma, fica clara a definição de distribuição que o artigo 710 do Código Civil Brasileiro trata, qual seja, a atuação do representante como mandatário do vendedor/representado.

---

[27] THEODORO JUNIOR, 2002, p. 131.

3

CONTRATO DE
REPRESENTAÇÃO COMERCIAL

"Contrato" é um substantivo masculino que deriva do latim, *contractus*, de *contrahere*, que "é o acordo de duas ou mais vontades, na conformidade da ordem jurídica, destinado a estabelecer uma regulamentação de interesses entre as partes, com o escopo de adquirir, modificar ou extinguir relações jurídicas de natureza patrimonial"[28].

3.1 CONCEITO

Explorando especificamente o contrato de representação comercial, tem-se o conceito de Fran Martins:

> Entende-se por contrato de representação comercial aquele em que uma parte se obriga, mediante remuneração, a realizar negócios mercantis, em caráter não eventual, em favor de uma outra. A parte que se obriga a agenciar propostas ou pedidos em favor de outra tem o nome de representante comercial; aquela em favor de quem os negócios são agenciados é o representado. O contrato de representação comercial é também chamado de contrato de agência, donde representante e agente comercial terem o mesmo significado[29].

Coelho corrobora o mesmo entendimento de Fran Martins, conforme segue: "A representação comercial é o contrato pelo qual uma das partes (representante comercial autônomo) se obriga a obter pedidos de compra e venda de mercadorias fabricadas ou comercializadas pela outra parte (representado)."[30].

---

[28] DINIZ, Maria Helena. **Curso de Direito Civil Brasileiro**: Teoria das Obrigações Contratuais e Extracontratuais. 26 ed. São Paulo: Saraiva, 2010. p. 12.

[29] MARTINS, Fran. **Contratos e Obrigações Comerciais**, 15. ed. Rio de Janeiro: Forence, 1999. p. 269.

[30] COELHO, Fábio Ulhoa. **Manual de direito comercial**. 11. ed. rev. e atual. São Paulo: Saraiva, 1999. p. 421.

Vale lembrar que o contrato de representação comercial não é contrato de emprego, inexiste qualquer vínculo desse tipo, sendo a representação comercial uma atividade autônoma por excelência, conforme destaca Coelho:

> [...] Inexiste qualquer vínculo de emprego entre o representado e o representante comercial autônomo. A subordinação deste àquele tem caráter exclusivamente empresarial, ou seja, cinge-se à organização do exercício da atividade econômica.
> [...] Na organização de sua atividade negocial, ele sofre uma considerável ingerência do representado, mas que diz respeito apenas à forma de exploração do negócio, não à pessoa do representante[31].

Outro aspecto a ser destacado é que o contrato de representação comercial é um contrato típico, bilateral e de natureza própria, no entanto, seus elementos devem obedecer ao que dispõe o artigo 104 do Código Civil Brasileiro:

> Art. 104. A validade do negócio jurídico requer:
> I - Agente capaz;
> II - Objeto lícito, possível, determinado ou determinável;
> III - forma prescrita ou não defesa em lei[32].

Além disso, o contrato de representação comercial, como todos os outros tipos de contratos, deve pautar-se na boa-fé, e por obediência à teoria geral dos contratos, não poderá haver nenhuma cláusula contrária ao ordenamento jurídico vigente. Caso haja esse tipo de cláusula, será passível de anulação, conforme assinala Murilo Tadeu Medeiros:

> Não se pode deixar de considerar, que, por obediência à teoria geral dos contratos, nenhum ajuste poderá conter cláusulas contrarias ao ordenamento jurídico vigente. Porém, como, normalmente o contrato de representação comercial é de natureza ade-

---

[31] COELHO, 1999, p. 422.
[32] BRASIL, 2002 p. 14.

siva, o representado, parte mais forte na relação, impõe ao representante um contrato já redigido, com cláusulas ilegais, e, por isso flagrantemente nulas ou anuláveis[33].

Dessa maneira, está claro que os contratos de representação comercial devem obedecer à teoria geral dos contratos, sem esquecer-se de observar o que dispõe a lei especial que trata do assunto, qual seja, Lei 4.886, de 9 de dezembro de 1965.

3.1.1 Sujeitos do contrato de representação comercial

De um lado do contrato, encontra-se um empresário que tem bens e/ou serviços para colocar no mercado, que é denominado como preponente ou representado; de outro lado, encontra-se outro empresário, o representante comercial ou preposto, que se encarrega de colocar no mercado as mercadorias e/ou serviços do representado. O representante comercial não possui vínculo de emprego, ele é remunerado pelo volume de operações que efetua. Assim, leciona Humberto Theodoro Júnior:

> De um lado coloca-se o preponente que tem bens e serviços a colocar no mercado; e de outro, o agente (um preposto) que é um profissional que se encarrega de colaborar na promoção dos negócios do preponente, sem estabelecer vínculo de subordinação a este e que deve ser remunerado em função do volume de operações promovidas[34].

A nomenclatura correta a ser utilizada para designar a empresa representada é "preponente", e não "proponente", pois proponente é "quem propõe algo", e preponente "é aquele que constitui um auxiliar direto para ocupar-se dos seus negócios, em seu nome"[35].

---

[33] MEDEIROS, Murilo Tadeu. **Direitos e obrigações do representante comercial.** Curitiba: Jaruá, 2002. p. 20.

[34] THEODORO JUNIOR, 2002, p. 156.

[35] PREPONENTE. *In*: HOUAISS, Antonio. **Dicionário Houaiss da língua portuguesa.** Rio de Janeiro: Objetiva, 2001. p. 2289; PROPONENTE. *In*: HOUAISS, 2001, p. 2313.

3.2 REQUISITOS DO CONTRATO DE REPRESENTAÇÃO COMERCIAL

Como já destacado anteriormente, o contrato de representação comercial deve obedecer à teoria geral dos contratos, à boa-fé objetiva, além de observar os preceitos contidos no artigo 27, da Lei especial, 4.886, de 9 de dezembro de 1965, que estabeleceu as condições gerais mínimas que devem nortear as relações entre representante e representado[36].

Então, observe o que prevê o artigo mencionado:

> Art. 27. Do contrato de representação comercial, além dos elementos comuns e outros a juízo dos interessados, constarão obrigatoriamente: (Redação dada pela Lei nº 8.420, de 8.5.1992)
>
> a) condições e requisitos gerais da representação;
> b) indicação genérica ou específica dos produtos ou artigos objeto da representação;
> c) prazo certo ou indeterminado da representação
> d) indicação da zona ou zonas em que será exercida a representação; (Redação dada pela Lei nº 8.420, de 8.5.1992)
> e) garantia ou não, parcial ou total, ou por certo prazo, da exclusividade de zona ou setor de zona;
> f) retribuição e época do pagamento, pelo exercício da representação, dependente da efetiva realização dos negócios, e recebimento, ou não, pelo representado, dos valores respectivos;
> g) os casos em que se justifique a restrição de zona concedida com exclusividade;
> h) obrigações e responsabilidades das partes contratantes:
> i) exercício exclusivo ou não da representação a favor do representado;
> j) indenização devida ao representante pela rescisão do contrato fora dos casos previstos no art. 35, cujo montante não poderá ser inferior a 1/12 (um doze

---

[36] MEDEIROS, 2002, p. 20.

avos) do total da retribuição auferida durante o tempo em que exerceu a representação. (Redação dada pela Lei nº 8.420, de 8.5.1992)

§ 1° Na hipótese de contrato a prazo certo, a indenização corresponderá à importância equivalente à média mensal da retribuição auferida até a data da rescisão, multiplicada pela metade dos meses resultantes do prazo contratual. (Redação dada pela Lei nº 8.420, de 8.5.1992)

§ 2° O contrato com prazo determinado, uma vez prorrogado o prazo inicial, tácita ou expressamente, torna-se a prazo indeterminado. (Incluído pela Lei nº 8.420, de 8.5.1992)

§ 3° Considera-se por prazo indeterminado todo contrato que suceder, dentro de seis meses, a outro contrato, com ou sem determinação de prazo. (Incluído pela Lei nº 8.420, de 8.5.1992)[37].

Sendo assim, nos próximos tópicos trabalhar-se-á os principais aspectos do artigo citado.

3.2.1 Indicação genérica ou específica dos produtos ou artigos objeto da representação comercial

O conteúdo do item "b" do artigo 27 trata dos requisitos objetivos do contrato de representação comercial, que, sob pena de invalidade, devem estar expressos de forma genérica ou específica no contrato de representação comercial, isto é, os produtos a serem comercializados pela representação devem ser determinados ou pelo menos determináveis, sendo possível sua individualização no momento de sua execução[38].

O que normalmente ocorre é que os produtos são descritos no contrato de forma genérica, apenas com a descrição de que são produzidos ou comercializados pela representada. No entanto, há casos em que as partes optam pela discriminação individualizada

---

[37] BRASIL, 1965, p. 7.
[38] MEDEIROS, 2002.

dos produtos a serem comercializados, sendo que nesse caso o representante pode recusar a comercialização dos outros produtos que não estão descritos no contrato.

O representante poderá ainda comercializar os produtos do concorrente que não estejam relacionados no contrato. Ressalta-se que, caso o representante aceite comercializar produtos que não estão descriminados no contrato, estes não estarão amparados pelos direitos do contrato. Sobre isso, é o entendimento de Murilo Tadeu Medeiros:

> Costumeiramente, os produtos são descritos no contrato de forma genérica, fazendo constar, apenas, que se trata daqueles produzidos ou comercializados pela representada. Se a escolha for pela descrição nominal e individual de cada mercadoria, uma a uma, deve-se atentar para que os produtos não nominados estejam desamparados pelo contrato, podendo o representante recusar sua intermediação ou, mesmo, trabalhar com produto concorrente. A regra vale para o reverso, pois o representado poderá firmar com outro representante, um contrato para mediação dos produtos sem abrangência contratual[39].

Então, fica evidente a necessidade de descriminação no contrato de representação comercial dos produtos a serem comercializados.

3.2.2 Prazo certo ou indeterminado do contrato de representação comercial

A definição de prazo é obrigatória por força do artigo 27, "c", da Lei 4.886, de 9 de dezembro de 1965, em que paira em relação a determinar o prazo do contrato ou não, isto é, se o contrato será por prazo determinado ou por prazo indeterminado, discussão esta que deve ser resolvida entre as partes e disposto no contrato[40].

---

[39] MEDEIROS, 2002, p. 20.

[40] NOVARETTI, Guilherme Eduardo. A importância do contrato de representação comercial estabelecido por escrito e os seus principais elementos. **Revista de Representações,** São Paulo, ago. 2008a.

A grande questão referente à definição do prazo nos contratos de representação comercial acontece ao término ou rescisão contratual. Caso o contrato tenha sido celebrado por tempo determinado e chegue ao seu fim naturalmente, de acordo com o prazo estipulado, o representante não terá direito a nenhuma indenização, nem mesmo ao aviso prévio, pois seu fim já era esperado e, dessa forma, não trará prejuízos inesperados. No entanto, se o contrato for por tempo indeterminado e for rescindido pela representada sem que o representante tenha dado causa à rescisão, gerará, então, direito ao representante de receber uma indenização da representada[41].

A referida indenização está estipulada no artigo 27, "j", da Lei 4.886, de 9 de dezembro de 1965, e vale lembrar que o denunciante terá que conceder o prazo do aviso prévio, ou indenizá-lo, além disso, o representante também terá o vencimento antecipado das comissões vincendas, conforme leciona Murilo Tadeu Medeiros:

> A questão do prazo certo ou indeterminado, nos contratos de representação, assume importância, quando do término ou rescisão dos mesmos, pois o que define o direito a indenização é a quebra da continuidade do ajuste. Se o contrato é interrompido sem que o representante tenha dado causa a esta cisão, deve ser indenizado pelas perdas que sofreu; no entanto, se o contrato chega, naturalmente, ao seu final, não existe o direito ao aviso prévio, pois o término era fato previsto no contrato[42].

Então, a importância da determinação ou não do prazo contratual está no seu fim: o representante terá direito e percepção da multa de 1/12 avos, aviso prévio trabalhado ou indenizado e o vencimento antecipado das comissões vincendas, devidamente atualizados, somente se o contrato for celebrado por prazo indeterminado e se a representada solicitar a rescisão contratual sem justa causa, pois se o contrato for celebrado por prazo determinado e tenha chegado ao seu termo, não gerará direito às indenizações supramencionadas.

---

[41] NOVARETTI, 2008a.

[42] MEDEIROS, 2002, p. 25.

3.2.3 Quando o contrato por prazo certo se torna por prazo indeterminado

Os parágrafos 2° e 3° do artigo em comento dispõem que o contrato com prazo determinado, uma vez prorrogado o prazo inicial, tácita ou expressamente, torna-se a prazo indeterminado. Inspirado nas leis trabalhistas, o legislador foi hábil, nesse sentido, visando evitar manobras fraudulentas por parte da representada, parte mais forte dessa relação, pois antes do advento da Lei 8.420, de 8 de maio de 1992, modificadora da Lei 4.886, de 9 de dezembro de 1965, o representado poderia convencionar vários contratos sucessivos com o mesmo representante de forma contínua, sem que se configurasse contrato por prazo indeterminado[43].

A vantagem, nesse caso, era que, ao final de um desses prazos, o representado poderia encerrar o contrato sem ter que pagar as devidas indenizações pela rescisão imotivada, o que foi proibido pelo artigo 27, § 2° e § 3°, determinando que uma vez prorrogado o prazo inicial do contrato, seja tácita ou expressamente, torna o contrato por prazo indeterminado. Caso o contrato tenha sido extinto por decurso do prazo, não poderá ser sucedido por outro dentro dos próximos seis meses. É o que explica Murilo Tadeu Medeiros:

> A inovação prevista no § 2° do art. 27, ao que tudo indica, foi inspirada nos preceitos aplicáveis ao contrato de trabalho, e determina que uma vez prorrogado o prazo inicial, tácita ou expressamente, torna o contrato vigente por prazo indeterminado. Portanto, não podem os representados utilizar-se do antigo método para descaracterizar o contrato por tempo indeterminado, mascarando-o de ajuste por tempo certo.
> No § 3° do art. 27, o legislador, também espelhado nas leis trabalhistas, impediu manobras fraudulentas, pois determinou que, mesmo que o contrato tenha sido, efetivamente, extinto por decurso do prazo, não poderá ser sucedido por outro, dentro dos próximos seis meses.

---

[43] MEDEIROS, 2002.

A razão desta norma é impedir que o contrato de representação, após uma ou mais renovações expressas, possa ser rescindido sem necessidade do aviso prévio e da indenização pelas perdas e danos[44].

Nesse caso, o legislador foi muito feliz, pois tal providência evitou e está evitando manobras fraudulentas, o que é sempre louvável.

3.3 DA VEDAÇÃO À CLÁUSULA *DEL CREDERE*

A cláusula *del credere* surgiu na idade média com os caixeiros-viajantes, que levavam consigo as mercadorias a serem comercializadas. Pelas dificuldades de comunicação da época, eram eles mesmos os responsáveis por conceder o crédito aos seus clientes. Porém, por nem sempre agirem com a cautela necessária na concessão do crédito, tornou-se necessária a criação de um instituto em que o caixeiro também ficasse responsável pela solvência de seus clientes, e foi então criada a cláusula *del credere*, conforme lembra Murilo Tadeu Medeiros:

> Na Idade Média, com as dificuldades de comunicação e transporte, o caixeiro-viajante levava consigo as mercadorias a serem vendidas. Como a propriedade das mesmas era do comerciante, em nome de quem agia o caixeiro-viajante, fazia-se necessário um forte vínculo de confiança, pois ao caixeiro-viajante também se concedia o poder de ofertar, ou não, o crédito nas vendas a prazo. Como nem sempre o caixeiro-viajante agia com a necessária cautela ao conceder o crédito, surgiu a necessidade de uma garantia por parte dele. Garantia esta que passou a chamar-se *del credere*, chegando a constar dos contratos. Caso no contrato houvesse a cláusula *del credere*, o caixeiro-viajante assumiria para si, na qualidade de devedor solidário, a responsabilidade sobre a obrigação assumida pelo terceiro para quem intermediou o negócio[45].

---

[44] MEDEIROS, 2002, p. 26.
[45] *Ibid.*, p. 64.

Então, quando os caixeiros-viajantes foram sendo substituídos pelos representantes comerciais, esse instituto também os acompanhou, porém, com a evolução nas comunicações, o representante comercial não mais concedia o crédito, e essa responsabilidade passou a ser do representado, não mais justificando a inclusão da cláusula *del credere* nos contratos de representação comercial. Dessa maneira, foi vedada a inclusão dessa cláusula nos contratos de representação comercial[46].

A vedação à clausula *del credere* foi instituído no artigo 2, da Lei 8.420, de 8 de maio de 1992, que alterou a redação da Lei 4.886, de 9 de dezembro de 1965, e está relacionada no seu artigo 43, como segue: "Art. 43. É vedada no contrato de representação comercial a inclusão de cláusulas *del credere*."[47].

Da exegese desse artigo, pode-se retirar que é proibido à representada responsabilizar o representante pelo pagamento de dívidas, juros e demais acréscimos oriundos da insolvência dos compradores dos produtos ou serviços que vendeu no exercício de sua atividade, ou seja, é proibida a transferência do ônus da insolvência do cliente ao representante[48].

A análise de crédito do cliente é de responsabilidade da representada, que inclusive pode recusar o pedido, tendo em vista a situação do cliente, caso apresente riscos de insolvência, conforme destacou Novaretti, em seu artigo publicado na *Revista de Representações*:

> A partir de maio de 1.992, com a alteração Lei nº 4.886/65, pela Lei nº 8.420, as representadas ficaram proibidas de descontar de seus representantes comerciais o valor correspondente ao débito do cliente, [...].
> A análise de crédito do cliente é sempre obrigação da representada, que pode inclusive recusar o pedido em virtude da situação do comprador apresentar risco de insolvência[49].

---

[46] MEDEIROS, 2002.

[47] BRASIL, 1965, p. 9.

[48] MEDEIROS, 2002.

[49] NOVARETTI, Guilherme Eduardo. A comissão do representante comercial. **Revista de Representações,** São Paulo, dez. 2008b. p. 11-14.

Essa regra deve ser lida como uma proibição a qualquer tipo de acordo entre representante e representado que obrigue aquele a ficar responsável pela solvência dos clientes deste. Enfim, a intenção do legislador é evitar que o representante fique responsável pelas "vicissitudes" do negócio intermediado. Então, todas as técnicas jurídicas que impliquem solidariedade do representante comercial em favor do representado estão vedadas — é o caso da fiança e do aval que, caso estejam inseridas no contrato de representação comercial, são passíveis de anulação. Corrobora esse entendimento Rubens Edmundo Requião, conforme segue:

> A regra do art. 43 da Lei n. 4.886/65 deve ser lida como uma proibição a qualquer ajuste que obrigue o representante, o agente ou o distribuidor a garantir a solvência do cliente aproximado. O que visou o legislador foi impedir que estes ficassem sujeitos às vicissitudes do negócio intermediado. A referência à cláusula *del credere*, adotada pelo legislador, deveu-se à grande popularidade dela nos meios profissionais da representação comercial.
>
> Neste sentido, certas técnicas jurídicas estão também vedadas sempre que implicarem solidariedade do representante comercial em favor do representado e proponente. É o caso da fiança, dada pelo representante ou agente, garantindo o cumprimento do negócio por parte do cliente, em favor do representado ou proponente. Parte da doutrina equipara a cláusula *del credere* à fiança. Em nosso entendimento, o aval também estará sujeito à nulidade, se prestado pelo representante em favor do cliente, para garantir o crédito do representante ou proponente, em que pese sua natureza abstrata e independente[50].

Dessa maneira, fica evidente que qualquer forma que o representado encontre de responsabilizar o representante pela solvência de seus clientes será cláusula *del credere* e, por consequência de sua vedação expressa em lei, será passível de anulação.

---

[50] REQUIÃO, 2007a, p. 218-219.

3.4 CONTRATO ESCRITO OU VERBAL

Antes do advento da Lei 8.420, de 8 de maio de 1992, pairava uma dúvida a respeito da validade ou não do contrato de representação comercial verbal, porém, a partir da citada lei, que alterou o texto da Lei 4.886, de 9 de dezembro de 1965, essa dúvida não existe mais, tendo em vista que foi suprimido do caput do artigo 27 a expressão "celebrado por escrito". Então:

Antes da Lei 8.420, de 8 de maio de 1992: "Art. 27. Do contrato de representação comercial, quando celebrado por escrito, além dos elementos comuns e outros, a juízo dos interessados, constarão, obrigatoriamente: [...]"[51].

Depois da Lei 8.420, de 8 de maio de 1992: "Art. 27. Do contrato de representação comercial, além dos elementos comuns e outros a juízo dos interessados, constarão obrigatoriamente: [...]"[52].

Dessa forma, fica evidente que a intenção do legislador quando suprimiu a expressão "celebrado por escrito" era a de acabar com as discussões em torno da validade ou não do contrato de representação comercial celebrado verbalmente, dando a mesma validade aos contratos celebrados por escrito ou verbalmente.

O contrato de representação comercial, quando celebrado verbalmente, depende, evidentemente, da prova de sua existência, que poderá ser feita por meio de talões de pedidos, notas fiscais, correspondências, lançamentos de créditos das comissões, entre outros, conforme assinala Murilo Tadeu Medeiros: "O contrato de representação comercial pode ter sua prova aferida por talões de pedidos, notas fiscais, correspondências, lançamentos de crédito das comissões etc."[53].

O Tribunal de Justiça de Minas Gerais corrobora o mesmo entendimento, aceitando amplamente a validade do contrato de representação comercial verbal:

---

[51] BRASIL, 1965, p. 6.

[52] BRASIL, 1965, p. 6.

[53] MEDEIROS, 2002, p. 23.

> AÇÃO DE COBRANÇA - CONTRATO DE REPRE-
> SENTAÇÃO COMERCIAL VERBAL - APRESEN-
> TAÇÃO DE DOCUMENTOS PELO AUTOR -
> NÃO IMPUGNAÇÃO DO CONTEÚDO DOS
> MESMOS - NECESSIDADE DE CÁLCULO DAS
> COMISSÕES PELAS NOTAS FISCAIS EMITIDAS
> - RECURSO PROVIDO.
>
> O contrato de representação comercial não é neces-
> sariamente solene, admitindo-se a contratação
> verbal. Todavia, a alegação de inadimplência em
> relação ao pagamento das comissões devidas, deve
> ser provada de forma robusta, sob pena de improce-
> dência do pedido. A apresentação dos pedidos pela
> apelante, da maneira descrita, em simples impressos,
> não foge à praxe dos representantes comerciais,
> que por óbvios motivos não estão condicionados a
> acompanhar a entrega das mercadorias ou produtos
> vendidos, tampouco, fiscalizar a correta emissão das
> notas fiscais, por serem estas atribuições diretas do
> representado, principal interessado na efetivação da
> venda. Ademais disso, a Lei 4.886/65, específica a
> tratar da categoria não faz qualquer alusão à forma
> dos pedidos por eles emitidos, nem proibindo a
> maneira como o apelado os apresentou[54].

Assim, conforme entendimento doutrinário e jurisprudencial, fica evidente a validade do contrato de representação comercial celebrado verbalmente, dependendo, logicamente, de prova para sua convalidação.

---

[54] MINAS GERAIS. Tribunal de Justiça. **Número do Processo: 2.0000.00.304324-7/000(1)**. Relator: Des. Dorival Guimarães Pereira. Belo Horizonte, 13 de maio de 2000. Disponível em: http://www. jusbrasil.com.br/jurisprudencia/5749568/200000030432470001-mg-2000000304324-7-000-1-tjmg/ inteiro-teor. Acesso em: 26 jan. 2024. p. 3.

4

RESCISÃO CONTRATUAL

Não há dúvida de que a maioria das lides envolvendo representação comercial acontecem na rescisão contratual. Pode-se destacar como um dos principais motivos a hipossuficiência do representante em relação ao representado, em que este se submete ao contrato já pronto apresentado pelo representado, típico contrato de adesão.

Por esse motivo, o regramento jurídico que envolve o tema procura equilibrar essa relação, dando algumas garantias ao representante que lhes serão úteis na rescisão contratual. É do que trataremos a seguir.

4.1 HIPOSSUFICIÊNCIA RELATIVA DO REPRESENTANTE COMERCIAL

O representante comercial é um empresário que geralmente exerce sua atividade individualmente ou mediante uma pequena organização, classificado como empresário de pequeno porte. É diferente da representada, que, quando necessita da utilização de representantes comerciais para a expansão e comercialização de seus produtos e/ou serviços, está em um patamar de empresa de médio ou grande porte, e por esse motivo acaba por determinar as regras pelas quais a representação se dará, limitando ao mínimo o âmbito de negociação, por parte do representante comercial, nas cláusulas contratuais[55].

---

[55] BERTOLDI, Marcelo M. Hipóteses de rompimento do contrato de representação comercial. *In*: BUENO, José Hamilton; MARTINS, Sandro Gilbert (coord.). **Representação comercial e distribuição**: 40 anos da Lei n. 4.886/65 e as novidades do CC/02 (art. 710 a 721): EC 45/04. São Paulo: Saraiva, 2006. p. 410- 411.

Essa característica da relação contratual é denominada hipossuficiência relativa do representante, que, apesar de ambos serem pessoas jurídicas, representado e representante, este possui uma situação econômica muito inferior à do representado, segundo o entendimento de Marcelo M. Bertoldi:

> Não há dúvida de que o regramento do contrato de representação comercial leva em conta a posição do representante, geralmente pequeno empresário que exerce sua atividade individualmente ou mediante uma organização de pequeno porte, colocando diante da representada, que na maioria das vezes se trata de empresa de médio ou grande porte que acaba por determinar as regras pelas quais a representação deverá se dar, abrindo ao representante um estreito e limitado âmbito de negociação quanto às regras de relação contratual. Essa característica da relação contratual deve ser vista sob a ótica do equilíbrio das obrigações e da hipossuficiência relativa do representante, que, embora seja empresário tanto quanto o representante, apresenta-se em situação econômica inferior. Justamente diante dessa característica subjetiva dos agentes envolvidos no contrato de representação é que surge a legislação a respeito da representação comercial, que nos traz norma de natureza cogente em contraposição ao princípio da livre manifestação de vontade dos contratantes[56].

Quanto à referida hipossuficiência, é amplamente admitida por nossos tribunais:

> "PROCESSO CIVIL. EXCESSÃO DE INCOMPETÊNCIA. FORO DE ELEIÇÃO. REPRESENTAÇÃO COMERCIAL. CONTRATO DE ADESÃO. HIPOSSUFICIÊNCIA DO REPRESENTANTE. PREVALECIMENTO DA COMPETÊNCIA ESTABELECIDA NA LEI N. 4.886/65. Cuidando-se de contrato de representação comercial e constatada e hipossuficiência do representante, deve prevalecer a competência estabelecida na Lei n. 4.886/65, em detrimento ao foro

---

[56] BERTOLDI, 2006, p. 410-411.

eleito, a fim de garantir a mínima defesa ao representante. O óbice do acesso à justiça deve ser considerado, por óbvio, de acordo com a condição da parte, e não de seus advogados. O local do escritório dos procuradores do autor é insuscetível de elidir ou amenizar sua hipossuficiência. Recurso conhecido e provido". (REsp 533230/RS; Recurso Especial 2003/0030337-2, Ministro Cesar Asfor Rocha, DJ 03.11.2003 p. 323)[57].

O legislador, ao traçar as diretrizes para a celebração do contrato de representação comercial, fez com base na realidade econômica desproporcional dos contratantes e nas hipóteses do rompimento do contrato, que a norma protetiva aparece com maior intensidade, e é o que veremos a seguir[58].

4.2 DA RESCISÃO CONTRATUAL SEM JUSTA CAUSA NOS CONTRATOS POR TEMPO INDETERMINADO

A rescisão contratual é um direito que ambas as partes contratantes possuem de que, a qualquer momento, quando uma das partes não mais estiver satisfeita com o contrato, pode desfazê-lo. Porém, quando a representada deseja rescindir o contrato, poderá ser por justa causa ou sem justa causa. Nesse tópico, tratar-se-á da rescisão operada por parte da representada e sem justa causa, o que dá ao representante alguns direitos, quais sejam: aviso prévio, concedido ou indenizado, indenização não inferior a 1/12 avos do total das retribuições auferidas durante todo o tempo em que exerceu a representação, devidamente atualizado, e o vencimento antecipado de todas as comissões vincendas.

4.2.1 Aviso prévio

Quando a representada desejar rescindir o contrato que foi celebrado por prazo indeterminado, ou que assim se tornou, sem motivo justo, deverá em primeiro lugar respeitar o aviso prévio, que está previsto no artigo 34, da Lei 4.886, de 9 de dezembro de 1965:

---

[57] *Ibid.*, p. 409-410.
[58] BERTOLDI, 2006.

> Art. 34. A denúncia, por qualquer das partes, sem causa justificada, do contrato de representação, ajustado por tempo indeterminado e que haja vigorado por mais de seis meses, obriga o denunciante, salvo outra garantia prevista no contrato, à concessão de pré-aviso, com antecedência mínima de trinta dias, ou ao pagamento de importância igual a um terço (1/3) das comissões auferidas pelo representante, nos três meses anteriores[59].

Da exegese do artigo citado, conclui-se que, ou a representada avisa o fim do contrato com 30 dias de antecedência, ou indeniza o representante em um montante igual à importância de um terço de todas as comissões auferidas pelo representante, nos três meses anteriores à rescisão contratual. O mesmo preceito estipulou requisitos ao direito de receber aviso prévio, que são: que o contrato esteja vigorando por tempo indeterminado, que o contrato esteja vigorando por mais de seis meses e que não tenha outra garantia expressa no contrato[60].

O requisito de que o contrato esteja vigorando por tempo indeterminado também vai incluir as renovações contratuais, pois, como já expomos anteriormente, uma vez prorrogado, mesmo que por novo período, o contrato torna-se por tempo indeterminado, ensejando, assim, o direito ao aviso prévio[61].

Outro requisito para a aquisição do direito ao aviso prévio é que o contrato esteja em vigor há mais de seis meses. Dessa forma, mesmo que o contrato seja celebrado por tempo indeterminado e o representado resolva rescindi-lo antes dos seis primeiros meses de vigência do contrato, pode fazê-lo sem a necessidade do aviso prévio[62].

Já quando nos referimos a outra garantia expressa em contrato: o legislador deixou em aberto para que as partes convencionassem alguma outra retribuição que substituísse o aviso prévio, mas que não fosse inferior a um terço da média dos últimos três meses[63].

---

[59] BRASIL, 1965, p. 8.
[60] MEDEIROS, 2002.
[61] *Idem.*
[62] *Idem.*
[63] MEDEIROS, 2002.

A respeito dos requisitos para adquirir o direito ao aviso prévio, é importante lembrar-se da lição de Murilo Tadeu Medeiros:

> Ao tratar da denúncia do contrato de representação comercial, o legislador, no art. 34 da Lei 4.886/65, garantiu o direito ao aviso prévio, estipulando que a parte denunciada teria direito a receber importância igual a um terço (1/3) das comissões auferidas pelo representante, nos três meses anteriores. O mesmo preceito estipulou requisitos ao direito de receber aviso prévio:
>
> - que o contrato esteja vigorando por tempo indeterminado;
> - que o contrato esteja vigorando por mais de seis meses;
> - que não tenha outra garantia expressa no contrato; [...]
>
> O requisito de que o contrato deva estar vigorando por tempo indeterminado, exclui as renovações contratuais, pois como já vimos, uma vez prorrogado, mesmo que por novo período, o contrato torna-se por tempo indeterminado, de nada valendo a renovação por novo lapso temporal.
>
> Preceituou o legislador que, para ter direito ao aviso prévio, deve estar o contrato em vigor por mais de seis meses. Portanto, consoante expressa determinação legal, o direito ao aviso prévio, nos contratos por tempo indeterminado, somente é devido, após seis meses de efetivo exercício laboral.
>
> Ao referir-se sobre outra garantia expressa no contrato, o legislador deixou ao arbítrio das partes convencionar outra forma de indenização que possa substituir o aviso prévio, equivalente dos últimos três meses[64].

É importante ressaltar que o direito ao aviso prévio compensará tanto o representante, quando é o representado que faz a denúncia contratual, como também o representado, quando quem faz a denúncia contratual tiver preenchido os requisitos para percepção do aviso prévio, conforme destaca Murilo Tadeu Medeiros:

---

[64] *Ibid.*, p. 87-88.

Do texto do art. 34 vê-se que ele compensará, também, o representado, se o representante resolver rescindir o contrato, desde que obedecidos os mesmos requisitos legais. Assim, caso o representante não amparado pelo que preceitua o art. 36, resolve rescindir o contrato, ficará também obrigado ao pagamento da indenização. [...][65].

Destarte, o prazo de aviso prévio foi ampliado de 30 para 90 dias pela redação do artigo 720 do Código Civil Brasileiro de 2002. Vejamos a redação do artigo mencionado:

> Art. 720. Se o contrato for por tempo indeterminado, qualquer das partes poderá resolvê-lo, mediante aviso prévio de noventa dias, desde que transcorrido prazo compatível com a natureza e o vulto do investimento exigido do agente.
>
> Parágrafo único. No caso de divergência entre as partes, o juiz decidirá da razoabilidade do prazo e do valor devido[66].

No entendimento de Requião, que corrobora o entendimento de que o prazo do aviso prévio foi ampliado para 90 dias na alteração feita pelo artigo 720 do Código Civil Brasileiro de 2002 no caso de rescisão unilateral do contrato de representação comercial por prazo indeterminado sem motivo justo, não é expresso a possibilidade de admitir um prazo maior que 90 dias, mas como também não o veda, então, se estiver expresso no contrato de representação, pode ser admitido:

> [...] o representante comercial [...] faz jus ao aviso prévio. Este, em toda a extensão, está regulado no art. 34 da Lei. O sistema do aviso prévio foi alterado pelo art. 720 do Código Civil, que estabelece um prazo de noventa dias para a denúncia do contrato com prazo indeterminado. A redação da Lei n. 4.886/65 previa a antecedência mínima de trinta dias para o encerramento do contrato por denúncia.

---

[65] *Ibid.*, p. 87.
[66] BRASIL, 2002, p. 65.

O Código não é expresso em admitir prazo maior que noventa dias, mas como também não o veda, é de admitir a possibilidade de o prazo do art. 720 ser ampliado expressamente[67].

Mas, além do prazo dilatado, o mencionado artigo ainda estipula que, caso o investimento para a instituição do negócio tenha sido ainda maior que os 90 dias e não seja capaz de cobrir, o juiz decidirá qual prazo será razoável para cobrir esse investimento. Ressalta-se, é claro, que esse investimento maior deve ser comprovado, assim como as comissões auferidas durante o prazo em que o contrato esteve em vigor não foram capazes de amortizar, conforme entendimento de Bertoldi:

> [...] caberá ao representante o direito ao aviso prévio mínimo de noventa dias ou prazo suficiente para amortizar os investimentos que fez em prol da representação. Este dispositivo apresenta ao representado duas possibilidades: ou considera imediatamente encerrado o vínculo contratual/resilição[68], e indeniza imediatamente o representante pelos gastos que este teve para implementar a representação, tais como gastos com impressos, propagandas, contratações de funcionários, aquisições de bens, etc., ou então mantém a relação contratual pelo prazo suficiente para que tais gastos sejam amortizados pelos valores devidos a título de comissão[69].

Vale lembrar que o requisito para que o contrato de representação comercial esteja vigente há mais de seis meses, para que o representante comercial passe a adquirir o direito ao aviso prévio,

---

[67] REQUIÃO, Rubens. **Curso de direito comercial.** 27. ed. rev. e atual. São Paulo: Saraiva, 2007b. p. 224. (v. 1).

[68] A doutrina não chega a uma conclusão definitiva quanto aos conceitos de rescisão, resilição e resolução contratual. Para efeitos do presente estudo, adotamos o posicionamento da maioria da doutrina, que define a rescisão como o rompimento do vínculo contratual na hipótese em que o contrato tenha formação nula, iníqua ou anulável, como é o caso dos contratos inexistentes ou nulos; a resilição trata-se do desfazimento da relação contratual por mútuo consentimento (distrato) ou então pela denúncia (pela declaração de uma das partes); e. por fim. A resolução se dá em decorrência da falta de cumprimento da obrigação contratual (REQUIÃO, 2007b).

[69] BERTOLDI, 2006, p. 413.

também foi modificado pelo Código Civil Brasileiro de 2002. Assim, foi determinado que a rescisão contratual deve ocorrer depois de transcorrido um prazo compatível com a natureza e o vulto do investimento efetuado pelo representante comercial, deixando para trás aquele prazo fixado pela Lei 4.886, de 9 de dezembro de 1965, que era de seis meses. Sobre isso, Bertoldi entende que:

> Este dispositivo (art. 34 Lei 4.886/65) foi alterado pelo Código Civil que, no art. 720, estabelece o aviso prévio de 30 para 60 dias e ainda determina que a resilição só poderá ocorrer após transcorrido o prazo compatível com a natureza e o vulto do investimento exigido do representante, abandonando o tempo de fixo de 6 meses da disposição legal revogada[70].

Analisa-se que foi muito justa essa alteração, pois é, no início, para a implantação do negócio que se dão os maiores gastos, então não fazia sentido, antes de seis meses de vigência do contrato, eximir a representada de avisar o representante comercial de que rescindiria o contrato, dando-lhe um prazo compatível para que sanasse seus investimentos ou o indenizasse, a fim de pelo menos cobrir os gastos oriundos da implantação do negócio.

4.2.2 Indenização do artigo 27, "j"

Quando a representada desejar rescindir o contrato que foi celebrado por prazo indeterminado, ou que assim se tornou, e sem motivo justo, deverá respeitar, além do aviso prévio, a indenização prevista pelo artigo 27, alínea "j", da Lei 4.886, de 9 de dezembro de 1965, destacando que é obrigatória sua previsão contratual, conforme citado:

> Art. 27. Do contrato de representação comercial, além dos elementos comuns e outros a juízo dos interessados, constarão obrigatoriamente:
> [...]

---

[70] *Ibid.*, p. 411.

j) indenização devida ao representante pela rescisão do contrato fora dos casos previstos no art. 35, cujo montante não poderá ser inferior a 1/12 (um doze avos) do total da retribuição auferida durante o tempo em que exerceu a representação[71].

Observa-se que a indenização, prevista pelo artigo de lei em comento, deve ser calculada pela média mensal da retribuição auferida pelo representante comercial, e não somente baseada simplesmente pelas comissões auferidas. Por isso, devem ser incluídos nesse cálculo bonificações, prêmios, gratificações, enfim, qualquer verba que, no período, o representante tenha percebido da representada. Acerca disso, é o entendimento de Murilo Tadeu Medeiros:

> Faz-se importante observar que, do conteúdo a que se refere o item acima, depreende-se que a indenização será calculada com base na média mensal da retribuição e não, somente, sobre as comissões auferidas. Isso significa que, no cálculo, devem ser incluídas as bonificações, os prêmios e as gratificações a que o representante tiver feito jus, no período em que exerceu a representação[72].

O cálculo da indenização a ser percebida pelo representante comercial, nesse caso, foi fixado em 1/12, devendo ser incluídas todas as verbas que representante tiver feito jus, como foi tratado anteriormente, e ainda de todo o período em que o representante exerceu a representação, conforme entendimento de Requião:

> O cálculo da indenização é tarifado, tendo sido fixado pela Lei n. 8.420/92, na nova redação do art. 27, j, em 1/12 do total da retribuição auferida pelo representante comercial durante o tempo em que exerceu a representação, independentemente de ser escrito ou não o contrato, ou ser omisso quanto a indenização[73].

---

[71] BRASIL, 1965.
[72] MEDEIROS, 2002, p. 74.
[73] REQUIÃO, 2007b, p. 224.

A indenização citada tem como escopo uma compensação monetária, que tem como objetivo recompensar o representante comercial pelas atividades prestadas ao representado, e também repará-lo pelas comissões futuras que deixará de receber, das vendas que não mais efetuará à clientela que foi conquistada pelo representante e com a qual, depois da rescisão, não mais poderá obter qualquer ganho, deixando-a de "mãos beijadas" à representada, conforme leciona Murilo Tadeu Medeiros:

> A indenização, prevista pelo legislador da Lei em comento, exprime uma compensação ou retribuição monetária, que tem como escopo, recompensar o representante comercial pelos serviços desenvolvidos, bem como repará-lo pela perda da remuneração futura, que deixará de auferir[74].

Saitovitch tem o mesmo entendimento:

> [...] deve ser analisado o trabalho realizado pelo representante na abertura da zona ou na sua manutenção e conservação, ou ainda pela perda desse produto e, consequentemente, desse ganho, junto à clientela que, apesar, de aberta ou mantida por ele, nunca mais poderá obter qualquer ganho com essa clientela, em relação e esse produto[75].

A indenização em comento, depois de calculada sobre todas as verbas auferidas pelo representante em todo o período em que exerceu a representação, deverá ainda ser devidamente atualizada até a data do seu pagamento, por índice pactuado livremente entre representante e representado.

Essa indenização tem sua fundamentação baseada em uma indenização compensatória, dos prejuízos causados pela rescisão abusiva, sem justa causa, enfim, é uma indenização compensatória tarifada por lei.

---

[74] MEDEIROS, 2002, p. 73.

[75] SAITOVITH, Ghedale. **Comentários à Lei do Representante Comercial:** Lei 4.886/65, com as Modificações Introduzidas pela Lei 8.420/92. Porto Alegre: Livraria do Advogado, 1999. p. 186.

4.3 DA INDENIZAÇÃO NOS CONTRATOS POR TEMPO DETERMINADO

Nos casos em que o contrato de representação comercial tenha sido celebrado por prazo certo, quando de seu termo, no prazo estipulado, logicamente não há que se falar em indenização, tendo em vista que seu término já era fato previsto, não ensejando a quebra de continuidade, e consequentemente não gerando direito a nenhuma indenização, conforme leciona Murilo Tadeu Medeiros:

> A questão do prazo certo ou indeterminado, nos contratos de representação, assume importância, quando do término ou rescisão dos mesmos, pois o que define o direito a indenização é a quebra da continuidade do ajuste. Se o contrato é interrompido sem que o representante tenha dado causa e está cisão, deve ser indenizado pelas perdas que sofreu; no entanto, se o contrato chega, naturalmente, ao seu final, não existe o direito a indenização, pois o término era fato previsto no acordo[76].

A questão está nos casos em que o contrato de representação comercial foi firmado por prazo determinado e é rescindido, sem justo motivo, pelo representado antes de seu termo. Esse caso está disposto no parágrafo 1º do artigo 27, da Lei 4.886, de 9 de dezembro de 1965, conforme segue:

> Art. 27. Do contrato de representação comercial, além dos elementos comuns e outros a juízo dos interessados, constarão obrigatoriamente:
>
> [...]
>
> j) indenização devida ao representante pela rescisão do contrato fora dos casos previstos no art. 35, cujo montante não poderá ser inferior a 1/12 (um doze avos) do total da retribuição auferida durante o tempo em que exerceu a representação.

---

[76] MEDEIROS, 2002, p. 25.

§ 1° Na hipótese de contrato a prazo certo, a indenização corresponderá à importância equivalente à média mensal da retribuição auferida até a data da rescisão, multiplicada pela metade dos meses resultantes do prazo contratual[77].

Como pode-se extrair do conteúdo do artigo citado, a indenização a que o artigo trata não é aquela de 1/12, respectiva nos contratos por tempo indeterminado, mas, sim, outro cálculo que se dará pela média mensal das comissões auferidas pelo representante até o momento da rescisão, multiplicada pela metade do tempo restante para que se chegasse ao termo do contrato.

4.4 DA RESCISÃO CONTRATUAL POR JUSTA CAUSA

A relação contratual entre representante e representado deve pautar-se na lealdade e boa-fé para que o contrato possa alcançar os objetivos desejados. O representante, para cumprir com seus deveres, deve investir tempo, recursos, energia, enfim, o que for necessário para desenvolver a atividade para a qual fora contratado e, para isso, precisa que as condições estabelecidas em contrato sejam cumpridas por parte do representado[78].

O representado, por sua vez, espera que o representante seja uma extensão de sua empresa e, dessa forma, deseja que a atuação do representante prestigie seus produtos e/ou serviços de maneira que amplie sua clientela e, consequentemente, aumente seu lucro para que possa arcar e justificar o investimento feito com a contratação do representante[79].

Dessa maneira, qualquer das partes que deixar de observar os objetivos dessa relação contratual deverá suportar o ônus da rescisão contratual por justa causa, como veremos a seguir[80].

---

[77] BRASIL, 1965, p. 6.
[78] BERTOLDI, 2006.
[79] *Idem.*
[80] *Idem.*

4.4.1 Da rescisão contratual por justa causa, por culpa do representante

Como já mencionado anteriormente, o contrato de representação comercial pode ser rescindido por justa causa, e no caso de o representante comercial ter dado causa a essa rescisão, o representado tem a faculdade de rescindir o contrato, sem ter que arcar com os ônus de uma rescisão sem justa causa, isto é, sem ter que indenizar o representante. É o que dispõe o artigo 35, da Lei 4.886, de 9 de dezembro de 1965, como segue:

> Art. 35. Constituem motivos justos para rescisão do contrato de representação comercial, pelo representado:
> a) a desídia do representante no cumprimento das obrigações decorrentes do contrato;
> b) a prática de atos que importem em descrédito comercial do representado;
> c) a falta de cumprimento de quaisquer obrigações inerentes ao contrato de representação comercial;
> d) a condenação definitiva por crime considerado infamante;
> e) força maior[81].

Ressalta-se que o artigo é taxativo e não exemplificativo, dessa maneira, os atos não contemplados pelo dispositivo legal não poderão ensejar a rescisão por justa causa. De acordo com o entendimento de Bertoldi:

> O legislador, verificando a importância desse tema, procurou fixar as hipóteses em que o contrato de representação poderá ser desfeito em decorrência do inadimplemento contratual, elencando fatos que, se praticados pelo representado (art.35, Lei n. 4.886/65) ou pelo representante (art. 36, da Lei n. 4.886/65) ensejam o encerramento do vínculo contratual. Ressalta-se que tal elenco é taxativo, ou

---

[81] BRASIL, 1965, p. 8.

seja, atos que não estiverem contemplados nestes dispositivos não poderão ser caracterizados como ensejadores da justa causa[82].

Rubens Requião corrobora o mesmo entendimento:

Pela sua natureza, o elenco de motivos justos indicados no artigo constitui enumeração taxativa. Nesta lista, a lei esgotou a enumeração. Os atos que não se comportem dentro das características apontadas nas diversas alíneas não constituem motivos justos para a rescisão contratual. [...][83].

Então, pela natureza taxativa dos elementos constitutivos do artigo citado, vejamos a seguir um a um.

4.4.1.1 *A desídia do representante no cumprimento das obrigações decorrentes do contrato.*

A alínea "a" do artigo de lei em comento dispõe sobre a desídia do representante comercial no cumprimento de suas obrigações, e ressalta-se que essa desídia deve ser habitual, e não um fato passageiro, fortuito[84]. Sobre a desídia fortuita e a desídia habitual, vejamos como De Plácido e Silva as conceituou:

A desídia fortuita ou ocasional, a que pode vir por um descuido de momento, por uma desatenção momentânea, não constitui motivo para a despedida do empregado ou trabalhador. É justificável.
[...]
A desídia habitual, equivalente a negligência contumaz, reveladora de sucessivos e injustos desleixos, justifica a desídia, pois que, por ela, dia a dia, pode o empregado ou trabalhador causar

---

[82] BERTOLDI, 2006, p. 415.

[83] REQUIÃO, Rubens. **Do Representante Comercial**. 8. ed. Rio de Janeiro: Forence, 1999. p. 217 *apud* BUENO, José Hamilton; MARTINS, Sandro Gilbert (coord.). **Representação comercial e distribuição**: 40 anos da Lei n. 4.886/65 e as novidades do CC/02 (art. 710 a 721): EC 45/04. São Paulo: Saraiva, 2006. p. 415.

[84] MEDEIROS, 2002.

prejuízos ou transtornos ao andamento dos serviços, não, os que lhe são afetos, mas aos de todo o estabelecimento[85].

Somente a desídia habitual é que dá direito à rescisão contratual por justa causa e caracteriza-se pela prática ou omissão de vários atos que possam trazer prejuízos ao representado. Dentre esses atos, pode-se destacar a impontualidade, a falta de atendimento aos clientes, a ausência, a realização de tarefas de forma descuidada, mediante atos repetitivos, conforme ensina Bertoldi:

> A desídia costuma-se caracterizar pela prática ou omissão de atos, tais como impontualidade, ausência, realização de tarefas de forma descuidada, podendo ser caracterizada também mediante repetição de atos faltosos que acabam por comprometer a eficiência do trabalho realizado pelo representante, e, portanto, trazendo prejuízos ao representado[86].

No entanto, não é simples configurar a desídia habitual do representante comercial, pois é de difícil interpretação o que não está sendo feito, pelo representante, por falta de interesse e o que não está sendo feito por dificuldades do próprio mercado, ou dos próprios produtos e/ou atitudes da representada, como bem explica Saitovitch:

> Com toda seriedade e sinceridade, deverá a empresa representada verificar se a falta de venda, da produção, da garra e do élan do representante para uma produção normal, isto é, para preencher sua cota, não se deva a atitudes e decisões da própria representada. De modo geral, é difícil de se compreender que o representante, viajando às suas expensas, com todos os elevados gastos, se omita de ganhar mais, de produzir mais, de realizar mais[87].

Destarte, quem alega tem a incumbência da prova do fato constitutivo de seu direito, então, nesse caso, o representado é quem terá a incumbência de provar que houve a desídia habi-

---

[85] SILVA, De Placido e. **Vocabulário jurídico.** 9. ed. Rio de Janeiro: Forence, 1986. p. 52. v. II.

[86] BERTOLDI, 2006, p. 416.

[87] SAITOVITH, 1999, p. 136.

tual por parte do representante, conforme dispõe o artigo 333, I, do Código de Processo Civil Brasileiro: "Art. 333. O ônus da prova incumbe: I - ao autor, quanto ao fato constitutivo do seu direito; [...]"[88].

Dessa maneira, cabe ao representado o ônus da prova, porém, essa prova não é de fácil comprovação, a redução no volume de vendas não caracteriza a desídia habitual, pois outros motivos podem ter causado essa queda, como a entrada de um concorrente na região, por exemplo. Nesse caso, evidentemente não estará caracterizada a desídia habitual e, por consequência, não ensejará a rescisão contratual por justa causa[89].

4.4.1.2 A prática de atos que importem em descrédito comercial do representado

A alínea "b" do artigo de lei em comento dispõe sobre a prática de atos que importem em descrédito comercial do representado. Nota-se que esse dispositivo é bastante abrangente, no entanto, o que se deve observar é a boa-fé, que é requisito intrínseco de todo relacionamento comercial, pois dele deriva a confiança. O representante tem o dever de "vender" a boa imagem de quem representa, e a prática de qualquer ato que possa macular essa imagem pode ser considerada ato ensejador de uma rescisão contratual por justa causa, baseada nessa alínea[90].

Especificamente, pode-se citar alguns atos que podem caracterizar o descrédito comercial do representado, por exemplo se o representante alterar a quantidade do produto solicitado pelo cliente ou quando, por descuido, efetua pedidos com tabela de preços desatualizada e, para defender sua imagem, coloca a culpa no representado. Então, se ocorrerem de forma habitual, podem

---

[88] BRASIL. Lei n° 5.869, de 11 de janeiro de 1973. Institui o Código de Processo Civil. **Diário Oficial da União**, Brasília, 11 jan. 1973. Disponível em: http://www.planalto.gov.br/ccivil_03/LEIS/L5869. htm. Acesso em: 26 jan. 2024.

[89] BERTOLDI, 2006.

[90] MEDEIROS, 2002, p. 76-77.

ensejar uma rescisão contratual por justa causa. São alguns casos elencados por Murilo Tadeu Medeiros em sua grande experiência como representante comercial e advogado:

> É certo que este dispositivo é muito genérico e abrangente, mas a prática de atos que importem no descrédito do representado pode ser exemplificada de algumas maneiras. Não raros os casos em que o representante, agindo com extrema má-fé, altera as quantidades dos produtos solicitados pelo cliente. Também, muitas vezes o representante, por desleixo, desconsidera a tabela de preços em vigor, efetuando propostas ainda com tabela antiga, e, para defender sua própria imagem, já que quase sempre promove a venda de produtos de outras empresas, atribui a culpa à representada. Em ambos os casos, o representante praticou atos que afetaram o bom nome do representado, merecendo por isto, se habitual, a rescisão de seu contrato por justa causa[91].

Já Bertoldi exemplifica outros atos que também podem ensejar a rescisão contratual por justa causa baseada nesse artigo, como as declarações injuriosas ou desrespeitosas lançadas contra o representado, ou a incontinência de comportamento enquanto na função agenciadora, a ponto de manchar não somente sua própria imagem, mas também a do representado. Como exemplo específico, pode-se citar um representante da indústria de medicamentos que faz declarações de que tal medicamento, por ele representado, não produz os efeitos propagandeados, ou que a empresa representada está à beira da falência[92].

Enfim, vários são os exemplos que podemos usar nesse caso, mas é importante ressaltar que a veracidade dos fatos imputados ao representante não é questionada, mas, sim, seus efeitos, que se levaram, por si só, ao descrédito comercial do representado, ensejará uma rescisão contratual por justa causa, não importando se eram verdadeiros ou não.

---

[91] MEDEIROS, 2002, p. 77.
[92] BERTOLDI, 2006.

4.4.1.3 A falta de cumprimento de quaisquer obrigações inerentes ao contrato de representação comercial

O terceiro motivo que, cometido pelo representante, pode resultar na rescisão contratual por justa causa é o descumprimento de quaisquer obrigações inerentes ao contrato de representação comercial e está elencado na alínea "c", do artigo 35, da lei em comento.

Salienta-se que não é qualquer inadimplemento que poderá ensejar a rescisão contratual por justa causa baseada nesse dispositivo. O inadimplemento capaz de traduzir-se em resolução contratual por justa causa deverá ser grave, capaz de trazer prejuízo ao representado, conforme leciona Bertoldi:

> Em homenagem ao princípio da boa-fé contratual e levando em conta a necessidade de interpretar-se o contrato de maneira a não permitir um desequilíbrio, uma desproporcionalidade entre direitos e obrigações, deve-se levar em conta que o descumprimento de determinada obrigação há que ser grave o suficiente a provocar prejuízo ao representado. Não será qualquer inadimplemento que ensejará o rompimento contratual, mas aquele que venha traduzir-se em dano efetivo em desfavor de um dos contratantes, ou pelo menos aquele que potencialmente é capaz de causar dano e que repetido pode expor o representado a risco[93].

Rubens Edmundo Requião corrobora o entendimento de Bertoldi, mas acrescenta que as reiterações de pequenas faltas, mesmo as que não trazem prejuízos econômicos, realmente não podem ensejar uma rescisão contratual por justa causa baseada no descumprimento de quaisquer obrigações inerentes ao contrato de representação comercial, mas podem ensejar uma rescisão contratual por justa causa baseada na desídia:

> É natural considerar que as faltas cometidas contra as obrigações inerentes ao contrato devem ser sérias, tenham conteúdo lesivo com força para fulminar o

---

[93] BERTOLDI, 2006, p. 418.

contrato. Pequenas faltas, em especial aquelas que não trazem repercussão econômica (não causarem prejuízo econômico ao representado), podem ser relevadas como fonte de rescisão do contrato. A sua reiteração poderá levar a outro tipo de falta grave, que é a desídia[94].

O legislador não previu apenas as cláusulas explícitas no contrato de representação comercial, pois quando o legislador dispõe "quaisquer obrigações inerentes ao contrato de representação comercial" está se referindo também às cláusulas omissas, que, no entanto, são supridas por lei, e que a obrigação seja inerente do contrato de representação comercial.

Pode-se exemplificar esse caso com um contrato de representação comercial que em seu conteúdo não disponha nada sobre a entrega de relatórios e, em situação de o representado exigir um relatório e o representante se negar a entregá-lo, está negativa pode ser considerada uma falta grave, ensejadora de uma rescisão contratual por justa causa[95].

Apesar de não estar especificado no contrato que o representante deve entregar relatórios sempre que o representado assim o desejar, esse dispositivo é da natureza dos contratos de representação comercial e está disposto em lei, conforme ensina Rubens Edmundo Requião:

> Poderá haver o caso em que o contrato, sendo omisso quanto a determinada obrigação inerente ao contrato de representação comercial, tenha essa omissão suprida por lei (p. ex., quanto ao relatório, que pode ser exigido pelo representado, a qualquer tempo). A falta do cumprimento daquela obrigação, omitida pelo instrumento, mas própria ao contrato de representação, poderá gerar denúncia deste por justa causa[96].

---

[94] REQUIÃO, 2007a, p. 162.
[95] *Idem.*
[96] REQUIÃO, 2007a, p. 162.

Dessa maneira, conclui-se que a falta de cumprimento das obrigações contratuais, mesmo não estando explícitas mas previstas em lei, que cause prejuízos ou pelo menos tenha a eminência de causar prejuízo podem ser ensejadoras de uma rescisão contratual por justa causa, baseado no descumprimento de quaisquer obrigações inerentes ao contrato de representação comercial.

4.4.1.4 A condenação definitiva por crime considerado infamante

A alínea "d" do artigo anteriormente citado traz a condenação definitiva por crime considerado infamante, e para melhor analisar esse dispositivo, vê-se o que dispõe o artigo 4 alínea "c" da mesma lei:

> Art. 4º Não pode ser representante comercial:
> [...]
> c) o que tenha sido condenado por infração penal de natureza infamante, tais como falsidade, estelionato, apropriação indébita, contrabando, roubo, furto, lenocínio ou crimes também punidos com a perda de cargo público; [...][97].

Esse dispositivo exemplifica quais crimes podem ensejar uma rescisão contratual por justa causa, já que a alínea "d", do artigo 35, só nos traz a expressão "crime considerado infamante".

Vale ressaltar que já não existe no direito penal brasileiro crime cuja natureza seja considerada infamante, por isso nos recorre-se ao dispositivo anterior da mesma lei para taxar quais crimes podem ser considerados infamantes, e essa também foi a maneira que Rubens Edmundo Requião usou para extrair a exegese desse artigo:

> A expressão da lei é infeliz, visto que já não existe, no direito penal, crime cuja natureza seja considerada infamante. O modo de interpretar o dispositivo é examinar o art. 4, c, da Lei n. 4.886/65, que, embora se refira ao conceito de infração penal de natureza

---

[97] BRASIL, 1965, p. 1.

> infamante, exemplifica, mencionando os crimes de falsidade, estelionato, apropriação indébita, contrabando, roubo, furto, lenocínio ou crimes também punidos com a perda do cargo público. Por isso, apenas esses crimes teriam força de causar a rescisão do contrato [...][98].

Assim, conclui-se que a condenação do representante comercial em algum dos crimes mencionados pelo artigo 4 — quais sejam: falsidade, estelionato, apropriação indébita, contrabando, roubo, furto, lenocínio ou crimes —, também punidos com a perda de cargo público, mesmo que a vítima não seja o representado, será motivo para uma rescisão contratual por justa causa. Porém, é importante alertar que está condenação deve ser definitiva, com trânsito em julgado sem possibilidade de recurso[99].

4.4.1.5 *Força maior*

A quinta e última falta que pode levar a uma rescisão contratual por justa causa é a força maior, que está disposta na alínea "e" do artigo de lei em comento. A força maior é conceituada por De Plácido e Silva da seguinte forma: "É a razão de ordem superior, justificativa do inadimplemento da obrigação ou da responsabilidade que se quer atribuir a outrem, por ato imperioso que veio sem ser por ele querido."[100].

Pode-se observar que a definição de força maior é bastante ampla, no entanto, sob o prisma do contrato de representação comercial, por ser um contrato de execução continuada, deve-se observá-la de maneira restrita. Entende-se que não pode o representado rescindir o contrato por justa causa baseado na força maior, alegando dificuldades na importação de matéria prima, pelo fato de que o corte nas importações é um ato que não foi por ele querido, conforme assinala Murilo Tadeu Medeiros:

---

[98] REQUIÃO, 2007a, p. 165.
[99] MEDEIROS, 2002.
[100] SILVA, 1986, p. 315.

No contrato de representação comercial, por se tratar de execução continuada, as hipóteses de força maior, devem ser interpretadas de maneira restrita.

Analisando força maior, sob o aspecto da rescisão do contrato pelo representado, entende-se que não pode este promover a rescisão, alegando força maior baseada na diminuição da produção, motivada por modificações na conjuntura econômica nacional, ou, mesmo, na dificuldade de importação de máquinas ou matérias-primas[101].

Nos contratos de execução continuada, a força maior deve ser analisada de forma mais restrita pelo motivo de que, um impedimento momentâneo na execução do contrato não é motivo para sua rescisão, é motivo, sim, para justificar uma mora parcial, que, assim que cessados esses motivos o contrato, continuará normalmente, como bem ensina e ainda exemplifica Rubens Edmundo Requião:

Nos contratos de execução continuada, como é o caso do contrato de representação comercial, a incidência da força maior tem menor presença como causa de rescisão. É que o impedimento momentâneo da execução do contrato pode justificar uma mora parcial, mas não causar o rompimento do contrato. É o caso da inundação, que pode tornar impossíveis, por certo tempo, as visitas à clientela ou a entrega dos pedidos, ou atendimento destes. Não haverá margem ao rompimento do contrato, visto que as atividades poderão ser reencetadas tão logo cesse o fenômeno da natureza. A destruição da estrada, pela inundação, e a demora em reconstruí-la, interrompendo por longo tempo comunicações essenciais ao contrato de representação comercial, poderão ser causa de rescisão contratual por força maior[102].

---

[101] MEDEIROS, 2002, p. 80.
[102] REQUIÃO, 2007a, p. 167.

Analisando os exemplos trazidos à baila por Rubens Edmundo Requião, pode-se observar que o liame que separa um motivo justo para a rescisão contratual por justa causa baseado na força maior ou não é muito estreito, devendo o intérprete analisar cada caso concreto para poder chegar a uma decisão.

Assim, cometendo o representante comercial alguma das faltas citadas, poderá o representado denunciar o contrato de representação comercial, sem ter que arcar com os ônus de uma rescisão unilateral sem justa causa, quais sejam: aviso prévio e indenização de 1/12 avos do total da retribuição auferida pelo representante comercial durante o tempo em que exerceu a representação e o vencimento antecipado de todas as comissões vincendas.

4.4.2 Da rescisão contratual por justa causa, por culpa do representado

Como já mencionado anteriormente, o contrato de representação comercial pode ser rescindido por justa causa quando uma das partes contratantes der causa a essa rescisão. No caso de ser o representado o responsável por esta rescisão, arcará com o ônus de ter sido ele o causador da rescisão. O ônus a que nos referimos é o pagamento de todas as indenizações a que o representante teria direito caso fosse o representado que desejasse rescindir o contrato sem justa causa, conforme dispões o artigo 36, da Lei 4.886 de 9 de dezembro de 1965:

> Art. 36. Constituem motivos justos para rescisão do contrato de representação comercial, pelo representante:
>
> a) redução de esfera de atividade do representante em desacordo com as cláusulas do contrato;
>
> b) a quebra, direta ou indireta, da exclusividade, se prevista no contrato;
>
> c) a fixação abusiva de preços em relação à zona do representante, com o exclusivo escopo de impossibilitar-lhe ação regular;

d) o não-pagamento de sua retribuição na época devida;

e) força maior[103].

Sendo assim, no caso em tela, o representante é quem solicitará a rescisão contratual, por justa causa e com base em algum dos incisos anteriormente especificados, e o representado indenizará o representante como se tivesse denunciado o contrato sem justa causa. É dessa forma que Murilo Tadeu Medeiros leciona:

> É direito do representante comercial, e também, do representado, denunciarem o contrato sempre que alguma das partes descumprir quaisquer das cláusulas do ajuste. Portanto, ao representante é facultado rescindir o contrato, exigindo todos os direitos rescisórios, que teria direito, caso o contrato fosse rescindido, imotivadamente, pelo representado[104].

Os motivos que podem levar a essa rescisão contratual por justa causa estão elencados nos incisos do artigo em comento, de forma taxativa, então, tratar-se-á a seguir de cada um.

4.4.2.1 Redução de esfera de atividade do representante em desacordo com as cláusulas do contrato

A alínea "a", do artigo 36, da Lei 4.886, de 9 de dezembro de 1965, traz a redução de esfera de atividade do representante em desacordo com as cláusulas do contrato como motivo justo para rescisão contratual por parte do representante. Nesse caso, o legislador se refere a qualquer mudança estabelecida pelo representado que venha a diminuir os ganhos de que o representante legitimamente esperava, conforme explica Bertoldi:

> Nesta hipótese o legislador faz referência a toda e qualquer condição ou regra que estabelecida para a realização do ofício do representante, sendo vedada a possibilidade de o representado vir restringir refe-

---

[103] BRASIL, 1965, p. 8-9.

[104] MEDEIROS, 2002, p. 72.

rida atuação de forma a prejudicar a sua atividade profissional, diminuindo-lhe os ganhos que legitimamente esperava[105].

Algumas são as hipóteses que podemos exemplificar o caso em tela, sendo uma delas o caso de o representado reduzir a zona ou o território de atuação do representante. Isso com certeza diminuiria seus ganhos, haja vista que a diminuição do território também diminuirá, quantitativamente, a clientela a ser atendida e, com a diminuição da clientela, consequentemente diminuirão as vendas e, por conseguinte, seus ganhos. Nesse mesmo diapasão, caso o representado diminua a qualidade ou quantidade dos produtos oferecidos à venda para o representante, diminuirão as vendas e, consequentemente, seus ganhos[106].

Ambos os exemplos citados anteriormente são casos em que poderão ensejar uma rescisão contratual por justa causa, baseada na alínea "a", do artigo 36, da Lei 4.886, de 9 de dezembro de 1965.

4.4.2.2 A quebra, direta ou indireta, da exclusividade, se prevista no contrato

A quebra, direta ou indireta, da exclusividade, se prevista no contrato, também é causa ensejadora da rescisão contratual por justa causa e está disposta na alínea "b", do artigo 36, da Lei 4.886, de 9 de dezembro de 1965.

O contrato de representação comercial pode prever a exclusividade em favor do representado, do representante, ou de ambos, e ainda quaisquer dessas exclusividades podem ser totais ou parciais. A exclusividade total se verifica quando a exclusividade abrange a totalidade da área especificada, geograficamente falando, ou a totalidade dos produtos fabricados pela representada, ou ainda a totalidade dos clientes da representada. A exclusividade parcial pode ser verificada nos mesmos casos mencionados, porém quando não abrange toda a área ou todos os produtos ou clientes da representada. Assim é o entendimento de Rubens Edmundo Requião:

---

[105] BERTOLDI, 2006, p. 420.

[106] BERTOLDI, 2006.

O contrato pode prever exclusividade tanto em favor do representante quanto da representada. Poderá ser total (abrangendo toda a zona, geograficamente falando, todos os clientes da relação, proibindo a ampliação desta, ou todos os produtos fabricados ou comercializados pelo representado) ou parcial, relativizando-se quanto à zona geográfica (uma parte dela), clientela (exclusividade sobre alguns clientes) ou produtos (exclusivamente de agenciamento de vendas de determinado produto ou tipo de produto)[107].

A quebra de exclusividade pode ser direta ou indireta. Quando o representado atua diretamente na clientela que foi passada como exclusiva ao representante, ou comercializa produtos que tenham sido passados como exclusivos ao representante, haverá a quebra direta da exclusividade. Já a quebra indireta da exclusividade ocorre quando o representado nomeia outro representante para atuar na área ou venda de produtos de exclusividade daquele representante[108].

Como já destacado anteriormente, a falta cometida pelo representado que se enquadre nos ditames do artigo de lei em comento, ensejará o dever de o representado indenizar o representante como se aquele tivesse denunciado o contrato sem justa causa. Porém, no caso específico da quebra de exclusividade, o representado terá dupla sanção, pois além daquelas já previstas, deverá ainda pagar as comissões geradas pelos negócios realizados pelo terceiro na quebra da exclusividade, não escusando o pagamento realizado a terceiro[109], conforme o que está disposto no artigo 31 da mesma lei:

> Art. 31. Prevendo o contrato de representação a exclusividade de zona ou zonas, ou quando este for omisso, fará jus o representante à comissão pelos negócios aí realizados, ainda que diretamente pelo representado ou por intermédio de terceiros[110].

---

[107] REQUIÃO, 2007a, p. 186.
[108] BERTOLDI, 2006.
[109] REQUIÃO, 2007a.
[110] BRASIL, 1965, p. 7.

Para que a falta tipificada nesse artigo se caracterize, não há a necessidade de o negócio se concretizar, bastando que representantes intrusos proponham negócios na zona exclusiva ou a oferta de produtos exclusivos, conforme o artigo 36 da lei em comento. Já pesquisas de mercado, cobrança ou fiscalização do representante, pelo representado, na sua área exclusiva não caracterizam essa falta, segundo ensina Rubens Edmundo Requião:

> Para a sanção do art. 36, b, não há a necessidade de que o negócio agenciado na zona exclusiva dê resultado, chegando à fase de execução. Basta a atuação dos agentes intrusos, acionados pelo representado, buscando pedidos, propondo negócios, para que a falta se tipifique. Pesquisas de mercado, consultas à clientela, fiscalização da atuação do representante, cobranças de crédito, não sendo atos que se enquadrem no conteúdo central do contrato de representação comercial (ou seja, aproximação para celebração de contrato de venda), não poderão ser havidos como quebra de exclusividade[111].

Dessa maneira, quando houver a quebra da exclusividade, seja ela direta ou indireta, o representante terá a faculdade de solicitar a rescisão contratual por justa causa, baseado no disposto no artigo 36," b", da lei em comento, solicitando a dupla penalização pela falta cometida.

4.4.2.3 A fixação abusiva de preços em relação à zona do representante, com o exclusivo escopo de impossibilitar-lhe ação regular

O terceiro motivo que pode levar a uma rescisão contratual por justa causa diz respeito à fixação abusiva de preços em relação à zona do representante, com o exclusivo escopo de impossibilitar-lhe ação regular, e está disposto na alínea "c", do artigo 36, da Lei 4.886, de 9 de dezembro de 1965.

---

[111] REQUIÃO, 2007a, p. 186-187.

Mais uma vez, pode-se observar que o legislador foi astuto ao incluir esse dispositivo de lei, pois com ele a lei está protegendo a parte mais fraca da relação contratual, qual seja, o representante.

Esse dispositivo protege o representante a medida em que, se o representado quiser denunciar o contrato e não tiver motivo justo para isso, tente de toda a forma desestimular ou até mesmo inviabilizar o trabalho do representante para que este aceite uma rescisão contratual de comum acordo[112].

Nesse caso, o intuito do representado é claro — não ter que arcar com o ônus de uma rescisão imotivada —, e a maneira mais eficaz de conseguir seu intuito é o aumento de sua tabela de preços, de forma que torne seus preços incompatíveis com o mercado, inviabilizando as vendas e, consequentemente, o trabalho do representante. Corrobora esse entendimento Bertoldi:

> Pode ocorrer, no entanto, que o representado, objetivando desestimular o representante, mas sem incorrer nos custos relacionados com a denúncia, venha a criar uma série de obstáculos e subterfúgios tendentes a tornar dificultoso ou até inviável para o representante a continuidade do contrato. Entre estes obstáculos o mais frequente é o aumento de preços incompatível com os níveis usualmente praticados pelo mercado[113].

Destarte, o que o legislador procurou foi evitar qualquer ato por parte do representado que dificulte a atuação do representante, e o mais comum, como já destacado, é o aumento na tabela de preços, mas outros podem ser os artifícios usados pelo representado para forçar uma rescisão de comum acordo.

Como exemplos desses outros artifícios, pode-se citar: utilização de prazos mais curtos; exigência de pagamento ou sinais antecipados; garantias reais ou pessoais. No entanto, não se enquadram no artigo 36, "c", mas no 36, "a", pois levam o representante a uma injustificada redução em sua esfera de atividade, conforme leciona Rubens Edmundo Requião:

---

[112] BERTOLDI, 2006.
[113] BERTOLDI, 2006, p. 423-424.

> Outras formas de discriminação contra o representante podem basear-se em condições negociais mais acres, comparativamente às empregadas em outras zonas, como: prazos mais curtos para o pagamento; exigência de sinais ou depósitos prévios; garantias pessoais ou reais; prazos mais longos ou inconvenientes para a entrega do produto; exigências burocráticas mais agudas, como cadastro mais minuciosos; pareceres de bancos ou agências de informações comerciais; cotas menores de vendas. Tais casos não concretizam o art. 36, c. são faltas que se enquadram no art. 36, a, podendo dar margem à denúncia por falta grave[114].

Então, pela exegese do artigo mencionado, conclui-se que a rescisão contratual por justa causa, para ser baseada no artigo 36, "c", deve ser específico da fixação abusiva de preços em relação à zona do representante, com o exclusivo escopo de impossibilitar-lhe ação regular, não podendo ser aceita qualquer interpretação extensiva com base nesse artigo.

4.4.2.4 O não pagamento de sua retribuição na época devida

O quarto motivo que pode levar a uma rescisão contratual por justa causa é o não pagamento de sua retribuição na época devida, e tal dispositivo legal está disposto no artigo 36, alínea "d", da Lei 4.886, de 9 de dezembro de 1965. Trata-se de um justo motivo para a rescisão contratual que ocorre com muita frequência na atividade de representação comercial, pois decorre do objetivo fim da representação comercial, qual seja: receber a retribuição financeira pela atividade exercida, isto é, a comissão.

Mas, para que seja configurada a justa causa pelo não pagamento de sua retribuição na época devida, deve-se observar qual é o prazo que o representado tem para efetuar o pagamento das comissões, que está regulado pelo artigo art. 32, § 1º, da lei em comento. Vejamos:

---

[114] REQUIÃO, 2007a, p. 188.

> Art. 32. O representante comercial adquire o direito às comissões quando do pagamento dos pedidos ou propostas.
>
> § 1° O pagamento das comissões deverá ser efetuado até o dia 15 do mês subsequente ao da liquidação da fatura, acompanhada das respectivas cópias das notas fiscais[115].

Então, analisando o artigo supracitado, observa-se que o representado tem até o dia 15 do mês subsequente para efetuar o pagamento das comissões, sendo que o contrato de representação comercial pode determinar prazos anteriores a essa data, mas nunca posteriores, pois é uma restrição à liberdade de contratar das partes, como bem assinala Rubens Edmundo Requião:

> [...] A Lei n. 4.886/65, com a nova redação do art. 32, § 1°, estabelece que o pagamento da comissão deverá ser realizado até o décimo quinto dia do mês subsequente ao em que ocorrer a liquidação da fatura. Cortou cerce a liberdade que as partes tinham de fixar prazos de pagamentos das comissões, corrigindo as situações em que os contratos escritos eram omissos quanto à data de pagamento, ou dos contratos verbais. A providência facilita a constituição em mora da representada. Datas posteriores ao dia 15 são proibidas, mas o contrato poderá fixar datas anteriores ao décimo quinto dia do mês seguinte ao da liquidação da fatura para fim de pagamento de uma conta de comissão[116].

Sendo assim, para constituir mora nos contratos de representação comercial, é preciso observar o prazo estipulado no contrato, que não pode ser posterior ao décimo quinto dia do mês subsequente ao da liquidação da fatura. Caso esse prazo contratual seja anterior ao prazo estipulado na lei, a mora se dará com a simples dilação do prazo. Mas se o contrato for omisso quanto ao prazo, ou até mesmo se o contrato for verbal, a mora só se constituirá a partir do décimo quinto dia do mês subsequente ao da liquidação da fatura[117].

---

[115] BRASIL, 1956, p. 7.

[116] REQUIÃO, 2007a, p. 189.

[117] NOVARETTI, Guilherme Eduardo. Rescisão do contrato por justo motivo pelo representante. **Revista de Representações**, São Paulo, set. 2008c.

É importante ressaltar que o representante deve primeiramente tentar cobrar a comissão em atraso e ter prova dessa cobrança, pois o principal interesse do representante deve ser o de receber a comissão e, só depois, caso não tenha êxito na cobrança, é que se deve ingressar com demanda cobrando as comissões e a devida indenização. Conforme artigo publicado por Novaretti, na *Revista de Representações*, vejamos:

> Mas antes de aplicá-lo é importante que o representante primeiro notifique a representada para pagar a comissão (deve-se documentar também o recebimento da notificação pela representada), e somente não obtendo êxito, recomendo uma segunda notificação para rescindir o contrato por justo motivo.
> [...]
> Deve-se deixar claro que, na hipótese de atraso no pagamento de comissão, o principal interesse do representante é o de receber a comissão, e não a indenização. Por isso, indico que o representante primeiro cobre a comissão e somente não obtendo êxito é que deve pedir a rescisão contratual e, assim, cobrar a comissão devida e a indenização legal[118].

Dessa maneira, os atrasos repetitivos no pagamento das comissões pelo representado ou o não pagamento de uma comissão podem ensejar uma rescisão contratual por justa causa, baseado no artigo 36, "d".

4.4.2.5 *Força maior*

A última causa ensejadora de rescisão contratual por justa causa, por parte do representante, é a força maior, que está disciplinada no artigo 36, alínea "e", da Lei 4.886, de 9 de dezembro de 1965. A força maior refere-se àqueles casos fortuitos ou de força maior que afetam o representante tão bruscamente que ele não tem alternativa senão buscar a rescisão contratual.

---

[118] NOVARETTI, 2008c, p. 14-15.

Vale lembrar que na força maior, ensejadora de rescisão contratual por justa causa, os contratantes ficarão isentos de qualquer indenização, haja vista que não decorre de nenhuma atitude lesiva por parte da representada, tampouco do representante, conforme bem ensina Bertoldi:

> Por fim a força maior também é prevista para a hipótese de rompimento do vínculo contratual por iniciativa do representante. A letra "e" do art.36 refere-se àqueles casos fortuitos ou de força maior que afetaram de tal forma o representante que ele não tem outra alternativa senão considerar desfeito o vínculo contratual.[...], lembramos que em decorrência de força maior ou caso fortuito os contratantes não serão obrigados a dar continuidade à relação contratual, bem como ficarão isentos do pagamento de qualquer tipo de multa contratual, seja as estabelecidas no art. 27, "j", seja a do parágrafo 1 daquele mesmo dispositivo legal, ou ainda a estabelecida no art. 34, todos da Lei n. 4.886/65[119].

Assim, a força maior pode ser causa ensejadora de rescisão contratual por justa causa, porém, por não se poder atribuir culpa a nenhuma das partes contratantes, por ser fato gerado independente da vontade das partes, acaba por não gerar nenhum tipo de indenização.

4.5 COMPETÊNCIA JURISDICIONAL

A competência jurisdicional para receber, processar e julgar as controvérsias advindas do contrato de representação comercial está disposto no artigo 39, da Lei 4.886, de 9 de dezembro de 1965, conforme segue:

> Art. 39. Para julgamento das controvérsias que surgirem entre representante e representado é competente a Justiça Comum e o foro do domicílio do representante, aplicando-se o procedimento

---

[119] BERTOLDI, 2006, p. 425.

sumaríssimo previsto no art. 275 do Código de Processo Civil, ressalvada a competência do Juizado de Pequenas Causas[120].

Porém, a Emenda Constitucional n.º 45, de 31 de dezembro de 2004, alterou o artigo 114 da Constituição Federal, que passou a estabelecer a Justiça do Trabalho como competente para processar e julgar controvérsias decorrentes da relação de trabalho. O artigo 114 da Constituição Federal, supramencionado, prevê:

> Art. 114. Compete à Justiça do Trabalho processar e julgar:
>
> I as ações oriundas da relação de trabalho, abrangidos os entes de direito público externo e da administração pública direta e indireta da União, dos Estados, do Distrito Federal e dos Municípios;
> [...]
> IX outras controvérsias decorrentes da relação de trabalho, na forma da lei[121].

Essa alteração acabou por modificar a competência, que era da justiça comum, para a justiça do trabalho, no exame e nas decisões das questões travadas entre o representante comercial e o representado. No entanto, para que seja competente à justiça do trabalho, é necessário que uma das partes seja pessoa física, haja vista que o dispositivo legal é claro ao se referir à relação de trabalho, não havendo, pois, como existir relação de trabalho entre duas pessoas jurídicas, portanto, impossível seria extrair trabalho de pessoa jurídica. É o entendimento da 3ª Turma do Tribunal Regional do Trabalho da 12ª Região, estado de Santa Catarina:

> **COMPETÊNCIA DA JUSTIÇA DO TRABALHO. RELAÇÃO DE TRABALHO. EXEGESE.** Não obstante a novel competência atribuída a esta Justiça Trabalhista, por força da Emenda Constitucional nº

---

[120] BRASIL, 1965, p. 9.
[121] BRASIL. [Constituição (1998)]. **Constituição da República Federativa do Brasil de 1988**. Brasília, DF: Presidência da República, [20--]. Disponível em: http://www.planalto.gov.br/ccivil_03/Constituicao/Constituiçao.htm. Acesso em: 15 abr. 2010. p. 85-86.

45/2004, resta indubitável que as lides a serem aqui julgadas por força do inciso I do art. 114, dentre as quais inclui-se a representação comercial, devem decorrer de uma relação de trabalho, para o que uma das partes naturalmente haverá sempre de ser pessoa física, já que impossível fisicamente extrair-se trabalho de pessoa jurídica. Juiz Gerson P. Taboada Conrado - Publicado no DJ/SC em 02-08-2006, página: 102 Processo: **Nº: RO 00571-2007-016-12-00-9 -9 02468-2005-036-12-00-6.**[122]

A Lei 4.886, de 9 de dezembro de 1965, elegia a jurisdição da Justiça Comum para julgar litígios provenientes da representação comercial. Mas com o advento da Emenda Constitucional 45/2004, essa regra foi alterada em parte, tendo em vista que a Justiça do Trabalho passou a ser competente para resolver os litígios entre representante e representado quando uma das partes é pessoa física[123].

Da mesma maneira, a ressalva da competência, que a Lei 4.886, de 9 de dezembro de 1965, traz a respeito do Juizado Especial de Pequenas Causas, também restou prejudicada, conforme leciona Rubens Edmundo Requião:

> A regra do art. 39, que estabelecia jurisdição da Justiça Comum para dirimir as dúvidas surgidas na execução do contrato de representação comercial, com a Emenda n. 45, foi afastada, em parte, como se vê. De igual modo, a ressalva da competência do Juizado Especial de Pequenas Causas, contida no art. 39 da Lei n. 4.886/65, também ficou prejudicado pela Emenda citada[124].

Outro ponto a ser destacado diz respeito ao foro eleito para dirimir dúvidas referentes ao contrato de representação comercial, que na maioria das vezes, por disposição contratual, é do domicílio

---

[122] SANTA CATARINA. Tribunal Regional do Trabalho da 12ª Região. **Número do Processo:** 00571-2007-016-12-00-9. Juiz: Gerson P. Taboada Conrado. SC, 02 de agosto de 2006. Disponível em: https://www.jusbrasil.com.br/jurisprudencia/trt-12/215673795/inteiro-teor-215673892. Acesso em: 26 jan. 2024. p. 9.

[123] REQUIÃO, 2007a.

[124] *Ibid.*, p. 197-198.

da representada. Porém, como o próprio dispositivo legal prevê, é competente o foro do domicílio do representante, conforme vem decidindo o Tribunal de Justiça do Estado do Paraná:

> AGRAVO INTERNO. NEGADO PROVIMENTO A AGRAVO DE INSTRUMENTO. EXCEÇÃO DE INCOMPETÊNCIA. RELAÇÃO DE REPRESEN-TAÇÃO COMERCIAL CONFIGURADA. FORO COMPETENTE. DOMICÍLIO DO REPRESEN-TANTE COMERCIAL. RECURSO CONHECIDO E IMPROVIDO.
> Restando configurada que a relação estabelecida pelas partes não se trata de direito pessoal, mas sim de relação comercial por representação, é aplicável o artigo 39 da Lei n° 4886/65 que disciplina que compete à Justiça Comum e ao foro do domicílio do representante julgar as demandas existentes entre representante e representado[125].

Então, quando uma das partes for pessoa física, a competência jurisdicional será da Justiça do Trabalho, por se tratar de relação de trabalho. Já no caso de ambas as partes serem pessoas jurídicas, a competência será da justiça comum, observado o foro do domicílio do represente, parte hipossuficiente da relação contratual, independentemente do foro indicado no contrato de representação comercial.

4.6 MANUAL DE CONTRATO DE REPRESENTAÇÃO COMERCIAL

O contrato de representação comercial é o documento por meio do qual uma pessoa — dita representante — é contratada por outra — dita representada — para promover a venda de seus produtos ou serviços junto aos clientes de determinada zona territorial. O representante assume, assim, o compromisso de auxiliar na consolidação e na ampliação do mercado consumidor do empresário representado.

---

[125] PARANÁ. Tribunal de Justiça. **Agravo Interno n° 305467-1/01, de Ponta Grossa - 4ª Vara Cível.** Relator: Des. Luiz Mateus de Lima. Curitiba, 18 de janeiro de 2006. Disponível em: http://www.jusbrasil.com.br/jurisprudencia/6305358/agravo-agv-305467101-pr-0305467-1-01-tjpr/inteiro-teor. Acesso em: 26 jan. 2024. p. 1-2.

Por exercer sua atividade de forma autônoma, o representante não mantém vínculo empregatício com o representado — ou seja, ele não é considerado seu empregado.

Entretanto, mesmo com autonomia, o representante deve sempre seguir as orientações dadas pelo empresário representado, principalmente em relação aos preços e aos prazos de pagamento e de entrega praticados.

Entre outras questões, deverão estar definidos, nesse contrato, o prazo da representação comercial — se indeterminado ou determinado —, os produtos ou serviços objetos da representação, os limites territoriais da atuação e o valor da retribuição recebida pelo representante.

4.6.1 Exclusividade Territorial

No contrato de representação comercial, as partes estabelecem precisamente qual será a zona na qual atuará o representante — ou seja, a área em que este deverá promover a venda dos produtos ou serviços do representado. Normalmente, o representante guardará a exclusividade nessa área, *não podendo, assim, o representado indicar outras pessoas para desempenharem as mesmas tarefas nesses locais.*

Deve-se especificar no contrato se o representado poderá ou não contratar outros representantes. Caso optem pela exclusividade, se eventualmente o representado vier a descumprir a cláusula, o representante terá *direito a receber as comissões referentes a todas as vendas realizadas em sua zona territorial, ainda que não tenha delas participado.*

A exclusividade poderá referir-se à totalidade da zona na qual atua o representante ou apenas a uma parte (possibilitando, por exemplo, que o trabalho seja compartilhado entre diversos profissionais em regiões específicas de maior movimento).

De todo modo, não há impeditivo legal para se realizar o contrato com cláusula de não exclusividade de área de atuação.

4.6.2 Sub-representação e exclusividade do representante

Outra questão importante a ser definida no contrato é a possibilidade de que o representante atue, ao mesmo tempo, em nome de mais de um empresário. Assim, enquanto realiza as suas atividades, o representante também promoveria a venda dos produtos ou serviços de diversas empresas — *desde que não fossem concorrentes entre si e que os horários dos respectivos serviços fossem compatíveis.*

É possível, porém, que as partes decidam por prever no contrato a exclusividade do representante comercial, fazendo, assim, com que ele só possa trabalhar em nome de um representado específico. Para que essa cláusula seja plenamente válida, todavia, deve-se estabelecer uma remuneração que seja correspondente às obrigações impostas ao representante.

Além disso, pode-se acrescentar uma permissão para que o representante constitua sub-representantes — ou seja, para que ele *passe a outros representantes comerciais as tarefas de venda relativas à empresa em questão.*

4.6.3 Retribuição

Pela prestação de seus serviços, o representante receberá, como retribuição, comissões proporcionais aos valores das vendas realizadas. As partes podem estabelecer que essa comissão será fixa — ou seja, a *mesma taxa para qualquer produto ou serviço* — ou variável — *a cada diferente produto ou serviço, uma porcentagem específica será transferida ao representante.* No contrato, deve-se prever, além da forma de cálculo da remuneração, o seu modo de pagamento e o momento a partir do qual as comissões passam a ser devidas.

CUIDADO: se o representante recebe um salário fixo como retribuição, há risco de se reconhecer uma relação trabalhista. Recomenda-se, nesses casos, que se estipule tal verba sob a rubrica de ajuda de custos, que se complementa com as comissões.

É importante que se precise, ainda, a parte que será responsável por arcar com as despesas relativas à atividade do representante, tais como transporte, alimentação e hospedagem. Apesar de ser mais comum que o representante arque por sua conta e risco com tais gastos, não há impedimento de que se estabeleça diferentemente, com o representado ficando responsável pelo pagamento integral ou parcial das despesas.

4.6.4 Mandato

Apesar de agir em interesse do representado, o representante, a princípio, não tem poderes para atuar em seu nome durante atos formais relativos à negociação — tais como na assinatura de contratos. Portanto, durante o preenchimento do documento, será possível às partes acrescentar a cláusula de mandato, que dá ao representante poderes especiais para concluir atos negociais em seu nome.

4.6.5 Legislação Aplicável

A representação comercial é regida pela Lei n.º 4886, de 9 de dezembro de 1965. Aplicam-se, igualmente, as disposições do Código Civil (Lei Federal n.º 10.406, 10 de janeiro de 2002), notadamente aqueles referentes ao contrato de agência e distribuição (art. 710 e seguintes).

4.6.6 Modelo de contrato de representação comercial

<u>SUMÁRIO</u>

DAS PARTES   X

CONSIDERAÇÕES INICIAIS   X

CLÁUSULA PRIMEIRA – DO OBJETO   X

CLÁUSULA SEGUNDA – DA ÁREA DE ATUAÇÃO   X

CLÁUSULA TERCEIRA – DA REMUNERAÇÃO DO REPRESENTANTE   X

CLÁUSULA QUARTA – DAS OBRIGAÇÕES DO
REPRESENTADO X

CLÁUSULA QUINTA – DAS OBRIGAÇÕES DO
REPRESENTANTE X

CLÁUSULA SEXTA – DO MATERIAL ENTREGUE AO
REPRESENTANTE X

CLÁUSULA SÉTIMA – DA NATUREZA JURÍDICA
DA RELAÇÃO X

CLÁUSULA OITAVA – DO PRAZO X

CLÁUSULA NONA – DOS MOTIVOS JUSTOS PARA
RESOLUÇÃO DESTE CONTRATO X

CLÁUSULA DÉCIMA – DAS PENALIDADES X

CLÁUSULA DÉCIMA PRIMEIRA – DAS
DISPOSIÇÕES GERAIS X

CLÁUSULA DÉCIMA SEGUNDA – DO USO DA IMAGEM X

CLÁUSULA DÉCIMA TERCEIRA – DO ACORDO DE NÃO
CONCORRÊNCIA X

CLÁUSULA DÉCIMA QUARTA – DO ACORDO DE
CONFIDENCIALIDADE X

CLÁUSULA DÉCIMA QUINTA – DO FORO X

**CONTRATO PARTICULAR DE
REPRESENTAÇÃO COMERCIAL**

DAS PARTES

REPRESENTADO: xxxxx., — Qualificação do representado.

REPRESENTANTE: xxxxx., — Qualificação do representante.

CONSIDERAÇÕES INICIAIS

Pelo presente instrumento particular de contrato de representação comercial, as partes acima indicadas, sujeitando-se às normas da Lei n.º 4.886 de 09/12/65, livremente estabelecem as cláusulas abaixo estipuladas.

CLÁUSULA PRIMEIRA – DO OBJETO

1.1 – O presente contrato tem por objeto a representação comercial, pelo qual o **REPRESENTADO** nomeia o **REPRESENTANTE** para efetuar a venda dos seguintes produtos:

1.1.1 – _____

> Designar todos os produtos que o representante poderá vender.

1.1.2 – O **REPRESENTANTE** é obrigado a cumprir os valores disponibilizados pelo **REPRESENTADO**, não podendo conceder abatimento, descontos ou dilações de prazo, nem agir em desacordo com as instruções do **REPRESENTADO**, salvo mediante prévia autorização formal, nos termos do art. 29 da Lei 4.886/65.

CLÁUSULA SEGUNDA – DA ÁREA DE ATUAÇÃO

2.1 – Pelo presente contrato, o **REPRESENTADO** nomeia o **REPRESENTANTE** para efetuar vendas de seus produtos/serviços (exclusivo ou não) na região (identificar região ou não especificar região, neste caso poderá efetuar vendas em todo território nacional) que abrange as cidades (x, y, z.).

> Ver se haverá exclusividade de área de atuação ou não e explicar as consequências da exclusividade.
> Dispor aqui a área que a representada atua, pois pode não atuar em todo o território nacional ou poderá atuar também fora do país (entender o fluxo de vendas do representado).

2.2 – O REPRESENTADO, antes, durante ou após a vigência deste contrato, poderá nomear, na região de representação aqui definida, outro representante para o agenciamento de propostas de vendas dos serviços ou produtos de seu comércio.

> Utilizar esta cláusula se o contrato for sem exclusividade de área de atuação. Se for com exclusividade, alterar para "não poderá".

2.3 – O REPRESENTANTE poderá constituir sub-representantes para que o auxiliem em suas tarefas de venda, responsabilizando-se integralmente pelos atos destes.

2.4 – Eventual sub-representação não gera nenhum vínculo entre o **REPRESENTADO** e o sub-representante contratado pelo **REPRESENTANTE.**

CLÁUSULA TERCEIRA – DA REMUNERAÇÃO DO REPRESENTANTE

3.1 – O REPRESENTANTE, a título de remuneração pelos serviços prestados, receberá o percentual de XX% sobre o valor das vendas realizadas por seu **intermédio.**

> Definir o percentual que o representante receberá.

3.2 – O percentual acima estipulado não será calculado sobre o valor total da venda efetuada, mas sobre o valor de cada parcela paga.

> Definir se o representante receberá os valores sobre o total das vendas ou somente sobre as parcelas.

3.3 – O **REPRESENTANTE** somente terá direito ao recebimento do comissionamento referente às parcelas efetivamente pagas, não tendo direito a nenhum valor sobre parcelas não pagas ou clientes inadimplentes.

3.4 – Todos as parcelas efetivamente pagas e compensadas entre o dia primeiro e o último dia do mês serão pagas no dia 15 (quinze) do mês subsequente.

3.5 – Os pagamentos das comissões serão pagos da seguinte forma:

a. O **REPRESENTADO** deverá fornecer ao **REPRESEN-TANTE**, até o dia 05 (cinco) de cada mês, relatório constando os pagamentos efetuados pelos clientes no mês anterior, para que o **REPRESENTANTE** efetue a conferência do relatório e realize a inclusão de eventuais pagamentos não computados;

b. Após o **REPRESENTANTE** efetuar a conferência dos pagamentos e consequentes comissões, o **REPRESEN-TADO** dará a confirmação dos valores finais e solicitará a nota fiscal até o dia 08 (oito) de cada mês;

c. Após a confirmação final, o **REPRESENTANTE** terá até o dia 10 (dez) para emitir a nota fiscal referente ao serviço prestado em favor do **REPRESENTADO**;

d. Após o recebimento da nota fiscal referente ao serviço prestado, o **REPRESENTADO** terá até o dia 15 (quinze) para efetuar o referido pagamento.

3.6 – Caso alguma das datas estabelecidas acima caia em dia não útil, sua obrigação deverá ocorrer no próximo dia útil.

CLÁUSULA QUARTA – DAS OBRIGAÇÕES DO REPRESENTADO

4.1 – O **REPRESENTADO** deverá disponibilizar todo portfólio necessário ao perfeito e cabal cumprimento do objeto do presente contrato.

4.2 – O **REPRESENTADO** deverá efetuar o pagamento as comissões devidas pelos negócios realizados decorrentes da atuação do **REPRESENTANTE**, nos termos da cláusula aqui estipuladas.

4.3 – O **REPRESENTADO** assume total responsabilidade pelos custos da entrega, fabricação dos produtos e/ou serviços comercializados.

4.4 – O **REPRESENTADO** poderá constituir o **REPRESENTANTE** como seu mandatário, observado o disposto no art. 42 da Lei 4.886/65, com poderes especiais para condução ou conclusão de negócios, ficando submetido às condições do presente termo.

CLÁUSULA QUINTA – DAS OBRIGAÇÕES DO REPRESENTANTE

5.1 – O **REPRESENTANTE** tem como primordial obrigação a promoção de vendas dos produtos e serviços indicados na cláusula 1.1.1, sempre zelando pelo bom nome do **REPRESENTADO** e atuando com ética e bom senso em todos os aspectos.

5.2 – O **REPRESENTANTE** se obriga a manter absoluto sigilo sobre operações, dados, estratégias, materiais, pormenores, informações e documentos disponibilizados pelo **REPRESENTADO**, mesmo após a conclusão dos projetos e serviços ou do término da relação contratual, nos termos do art. 19, "d", da Lei 4.886/65.

5.3 – O **REPRESENTANTE** assume seu risco empresarial e, por isso, serão de sua responsabilidade todos os meios necessários para viabilizar a representação objeto deste instrumento, incluindo escritório próprio, equipamentos, licenças, entre outros, ressalvadas as obrigações da **REPRESENTADA** previstas neste contrato.

5.4 – O **REPRESENTANTE** fica obrigado a fornecer à **REPRESENTADA** (quando lhe for solicitado) informações detalhadas sobre o andamento dos negócios postos a seu cargo, nos termos do art. 28 da Lei 4.886/65, devendo demonstrar dedicação à representação, para fins de justificar a sua atuação na região estabelecida.

CLÁUSULA SEXTA – DO MATERIAL ENTREGUE AO REPRESENTANTE

6.1 – No ato de assinatura deste instrumento, foi entregue em comodato ao **REPRESENTANTE** os itens abaixo especificados, os quais têm o objetivo de auxiliar nas vendas:

a.

Especificar o que foi entregue ao representante.

6.2 – O **REPRESENTANTE** se responsabiliza pela conservação e manutenção dos itens acima especificados.

6.3 – Caso ocorra perda, extravio ou quebra de algum dos itens acima discriminados, o **REPRESENTANTE** deverá indenizar o **REPRESENTADO** no valor de mercado do item, inclusive mediante desconto de comissões a serem recebidas.

CLÁUSULA SÉTIMA – DA NATUREZA JURÍDICA DA RELAÇÃO

7.1 – O presente instrumento possui caráter comercial e não cria nem interfere em qualquer relação trabalhista/empregatícia/previdenciária/subordinativa entre as partes ou seus funcionários e colaboradores.

CLÁUSULA OITAVA – DO PRAZO

8.1 – A relação criada por meio do presente instrumento se dá por prazo indeterminado.

8.2 – O presente contrato poderá ser resolvido pela parte inocente, caso a outra parte não cumpra alguma das cláusulas aqui estabelecidas.

8.3 – O presente contrato poderá ser resilido unilateralmente caso uma das partes assim deseje, mediante comunicação à outra parte com antecedência mínima de 90 (noventa) dias. Caso não deseje cumprir o prazo anteriormente estabelecido, poderá indenizar a outra parte em 3 (três) vezes a média das 6 (seis) últimas remunerações.

8.4 – O presente contrato poderá ser resilido de comum acordo entre as partes e os termos da resilição deverão estar expressos no distrato a ser firmado.

CLÁUSULA NONA – DOS MOTIVOS JUSTOS PARA RESOLUÇÃO DESTE CONTRATO

9.1 – O presente contrato poderá resolvido pelo **REPRESENTADO** nos seguintes casos:

    a. Desídia reiterada do **REPRESENTANTE** no cumprimento das obrigações decorrentes deste contrato;

    b. A prática de atos pelo **REPRESENTANTE** que gerem ou impliquem descrédito comercial do **REPRESENTADO**;

    c. A falta de cumprimento de quaisquer obrigações inerentes a este contrato de representação comercial;

    d. A condenação pela prática de crime ou contravenção penal;

    e. A falta ou redução significativa, sem justa causa, de vendas pelo período de três meses;

    f. Força maior.

9.2 – O presente contrato poderá resolvido pelo **REPRESENTANTE** nos seguintes casos:

    a. A fixação abusiva de preços em relação aos concorrentes, com o exclusivo escopo de impossibilitar-lhe ação regular;

    b. O não pagamento ou atraso consecutivo de três meses no repasse de sua comissão;

    c. Força maior.

9.3 – A resolução operada com motivo justo isenta a parte inocente de suas obrigações para o encerramento deste contrato, mas não isenta a parte culpada de suas obrigações.

CLÁUSULA DÉCIMA – DAS PENALIDADES

10.1 – O descumprimento de qualquer uma das cláusulas, por qualquer parte, implicará a aplicação de multa no valor de R$ XXX, não isentando a responsabilidade por eventuais perdas e danos e não excluindo as penalidades impostas pelas cláusulas de confidencialidade e de não concorrência.

> Definir valor de multa pelo descumprimento contratual.

CLÁUSULA DÉCIMA PRIMEIRA – DAS DISPOSIÇÕES GERAIS

11.1 – O presente instrumento particular obriga e vincula não só o **REPRESENTADO**, como também os seus herdeiros ou sucessores, a qualquer título.

11.2 – A invalidade ou inexequibilidade de qualquer dispositivo contido no presente contrato não terá qualquer implicação quanto à validade de qualquer outro dispositivo do presente acordo, e se qualquer dispositivo for considerado inválido, inexequível ou ilícito de qualquer forma, as demais disposições do presente contrato permanecerão em vigor, e este acordo deverá ser interpretado como se os dispositivos inválidos, inexequíveis ou ilícitos não constassem do presente contrato.

11.3 – A falha de qualquer uma das partes de requerer à outra parte, a qualquer tempo, o cumprimento total de qualquer obrigação relativa ao presente contrato não será considerada como uma renúncia a tal direito e não afetará de qualquer maneira o direito de tal parte de requerer que a outra cumpra integralmente tal obrigação a qualquer tempo.

11.4 – Qualquer notificação entre as partes deverá ser feita sempre por escrito, enviada por carta registrada com aviso de recebimento, e-mail ou qualquer outro meio admitido em direito, ao endereço indicado na qualificação das partes do presente instrumento. Todas as notificações serão consideradas como tendo sido entregues na data que constar do aviso de recebimento ou do protocolo.

11.5 – A omissão das partes em fazer valer, a qualquer tempo, disposição do presente contrato não implicará renúncia ou novação, por essa parte, de seu direito de denunciar, posteriormente, essa violação ou quaisquer violações subsequentes, semelhantes ou não, nem de exercer quaisquer direitos futuros previstos neste instrumento.

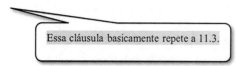

Essa cláusula basicamente repete a 11.3.

11.6 – O presente instrumento supera e se sobrepõe a eventuais acordos, tratativas verbais ou escritas, Cartas de Intenção ou Memorandos de Entendimento, devendo este contrato e seus anexos prevalecerem sobre aqueles.

CLÁUSULA DÉCIMA SEGUNDA – DO USO DA IMAGEM

12.1 – Por força deste instrumento, o **REPRESENTANTE** autoriza o uso de sua imagem e de seus prepostos ou empregados pelo **REPRESENTADO** ou empresa a esta ligada, A TÍTULO GRATUITO, em todo e qualquer material publicitário, podendo ser utilizada em campanhas institucionais ou outras que o **REPRESENTADO** necessitar destinadas à divulgação ao público em geral.

12.2 – A presente autorização, concedida a título gratuito, abrange o uso da imagem acima mencionada em todo território nacional e no exterior, das seguintes formas: (I) folhetos em geral (encartes, mala direta, catálogo etc.); (II) folder de apresentação; (III) anúncios em revistas e jornais em geral; (IV) home page; (V) Facebook; (VI) Instagram; (VII) outros similares.

CLÁUSULA DÉCIMA TERCEIRA – DO ACORDO DE NÃO CONCORRÊNCIA

13.1 – O **REPRESENTANTE** compromete-se a cumprir as seguintes cláusulas de não concorrência:

a. **ABRANGÊNCIA:** por força deste acordo, no que diz respeito à não concorrência após o término deste contrato, o **REPRESENTANTE** não poderá ter como seu cliente ou cliente de empresa que seja sócio, associado, empregado OU representante, qualquer cliente do aqui designado **REPRESENTADO**;

b. **CLIENTES DO REPRESENTADO:** são considerados clientes do **REPRESENTADO:**

   i. Todos as pessoas físicas ou jurídicas cadastradas no sistema de controle de clientes do **REPRESENTADO**;

   ii. Todos as pessoas físicas ou jurídicas que o **REPRESENTANTE** tenha captado para o **REPRESENTADO**, independentemente de ter sido remunerado por esta captação ou não;

   iii. Todos as pessoas físicas ou jurídicas cadastradas no sistema de cotação do **REPRESENTADO** ou de empresa que o **REPRESENTADO** preste ou tenha prestado serviço.

c. **PERÍODO DE VIGÊNCIA:** os efeitos desta cláusula perdurarão desde a assinatura deste instrumento até o período de 2 (dois) anos após o fim da relação contratual;

13.2 – Qualquer quebra de cláusulas deste Acordo de Não Concorrência sujeitará o(a) infrator(a) ao pagamento para a parte afetada de indenização no valor correspondente a R$ xxxxxx, além de outros prejuízos que a parte afetada venha a sofrer pela quebra do aqui acordado.

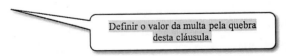

Definir o valor da multa pela quebra desta cláusula.

CLÁUSULA DÉCIMA QUARTA – DO ACORDO DE CONFI-DENCIALIDADE – *NON DISCCLUSURE AGREEMENT* (NDA)

14.1 – Tenciona o presente acordo estabelecer condições que visem à manutenção do sigilo e confidencialidade das informações/documentos que serão repassadas pelo **REPRESENTADO** ao **REPRESENTANTE** para que este possa desenvolver as atividades objeto deste instrumento.

14.2 – O **REPRESENTADO** permanecerá completamente livre para revelar ou não informações/documentos ao **REPRESENTANTE**, entretanto, em havendo a revelação de informações/documentos, estas estarão subordinadas ao presente acordo.

14.3 – Os efeitos desta cláusula perdurarão desde a assinatura deste instrumento até o período de 10 (dez) anos após o fim da relação contratual.

14.4 – O **REPRESENTANTE** se obriga a respeitar o acordo de não divulgação, nos seguintes termos:

    a. ABRANGÊNCIA: o **REPRESENTANTE** se obriga a manter **ABSOLUTO** sigilo e confidencialidade sobre operações, valores, dados, dados pessoais, dados pessoais sensíveis, estratégias, materiais, tabelas de controle e organização interna, contratos, manuais, pormenores, informações e documentos disponibilizados pelo **REPRESENTADO** e principalmente sobre seus clientes;

    b. CLIENTES DO REPRESENTADO: são considerados clientes do **REPRESENTADO:**

        i. Todos as pessoas, físicas ou jurídicas, cadastradas no sistema de controle de clientes do **REPRESENTADO;**

        ii. Todos as pessoas, físicas ou jurídicas, que o **REPRESENTANTE** tenha captado para o **REPRESENTADO**, independentemente de ter sido remunerado por esta captação ou não;

iii. Todos as pessoas, físicas ou jurídicas, cadastradas no sistema de cotação do **REPRESENTADO** ou de empresa que o **REPRESENTADO** preste ou tenha prestado serviço.

14.5 – O **REPRESENTANTE**, no ato de encerramento da relação contratual, seja por resilição ou resolução, obriga-se a devolver imediatamente todo o material que tenha sido disponibilizado pelo **REPRESENTADO**, incluindo, sem limitação, todos os resumos, modelos, contratos, cópias de documentos etc.

14.6 – O descumprimento de qualquer cláusula do acordo de confidencialidade — *NON DISCLOSURE AGREEMENT* (NDA) — sujeitará o(a) infrator(a) ao pagamento para a parte afetada de indenização no valor correspondente a R$ xxxxx, além de outros prejuízos que a parte afetada venha a sofrer pela quebra do aqui acordado.

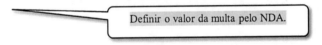
Definir o valor da multa pelo NDA.

CLÁUSULA DÉCIMA QUINTA – DO FORO

15.1 – O foro eleito para dirimir dúvidas e processar ações derivadas deste negócio jurídico é a comarca de XXX/XX, com renúncia expressa das partes contratantes a qualquer outro, por mais especial ou privilegiado que seja ou venha a ser, independentemente de domicílio ou residência atual dos contratantes.

E por estarem assim, justas e contratadas, as partes assinam o presente instrumento de representação comercial, em 02 (duas) vias de igual teor e forma, rubricando todas as páginas, tudo na presença de duas testemunhas, também signatárias, para que produza seus efeitos jurídicos e legais.

Local, data.

REPRESENTADO
XXX

REPRESENTANTE
XXX

Testemunhas

Nome: _____

CPF: _____

Nome: _____

CPF: _____

5

CONCLUSÃO

Este livro tratou das indenizações devidas ao representante comercial no caso de rescisão contratual motivada ou imotivada. Primeiramente, foram destacados os aspectos históricos da representação comercial e sua evolução legislativa, logo após foi traçado um paralelo entre a lei específica e o Código Civil Brasileiro de 2002, chegando-se à conclusão de que, entre eles, a mudança ocorreu na nomenclatura, pois o Código Civil passou a nomear o representante comercial como agente, o que, aliás, há muito tempo outros países já faziam. Além disso, houve alteração nas regras e no prazo para a concessão do aviso prévio, que passou de 30 para 90 dias, e não há mais o prazo de seis meses para a representada rescindir o contrato sem ter que arcar com o ônus da rescisão unilateral sem justa causa.

Depois disso, foram destacados os pontos essenciais que devem ser observados na celebração do contrato de representação comercial, pois não se poderia tratar de sua rescisão sem antes destacar seus pontos mais relevantes, os quais serão de suma importância no momento da rescisão.

Em um desses pontos, conclui-se que um contrato celebrado por prazo determinado e que foi renovado por outro prazo determinado se tornará por prazo indeterminado para todos os efeitos contratuais. Nesse ponto, o legislador se mostrou astuto, pois dessa maneira evitou que a representada celebrasse vários contratos contínuos por prazo determinado, com o intuito de fugir das indenizações devidas a uma rescisão de contrato por prazo indeterminado.

Por fim, foram minuciosamente destacados os casos de rescisão e, em cada caso, sua respectiva indenização. Então, em caso de um contrato celebrado por tempo determinado, que chega ao seu termo naturalmente, não gera indenização alguma, pois seu fim já era esperado, não gerando prejuízo a nenhuma das partes.

Já no caso de um contrato celebrado por prazo indeterminado, ou que assim se tornou, em que o representado deseja sua rescisão sem justa causa, ensejará o direito ao representante de receber indenização referente a 1/12 avos, de todas as verbas a que percebeu enquanto exerceu a representação, aviso prévio de 90 dias, que poderá ser concedido ou indenizado, e o vencimento antecipado de todas as comissões vincendas.

No mesmo caso citado, em que a representada é quem deseja a rescisão, porém por justa causa, elencada em uma das hipóteses taxativas do artigo 35, da Lei 4.886/65, não ensejará nenhuma indenização devido à culpa pela rescisão ter sido gerada por ato do representante.

Já quando o representante é quem deseja a rescisão, não haverá que se falar em indenização, porém se o representante desejar a rescisão, mas por justa causa ensejada pelo representado, que esteja no rol taxativo do artigo 36, da Lei 4.886/65, conclui-se que o representante terá direito às mesmas indenizações de que teria direito caso fosse o representado que desejasse a rescisão sem justa causa.

Outro caso ainda a ser destacado é o de um contrato celebrado por tempo determinado e que a representada deseja seu fim antes do termo estipulado. Nessa situação, o representante terá direito a uma indenização que não é aquela de 1/12 avos, respectiva nos contratos por tempo indeterminado, mas outro cálculo se dará pela média mensal das comissões auferidas pelo representante até o momento da rescisão, multiplicada pela metade do tempo restante para que se chegasse ao termo do contrato.

Por fim, após alguns esclarecimentos, pode-se concluir que a pretensão desta obra foi de pesquisar e demonstrar concretamente em cada caso de rescisão a respectiva indenização devida ao representante comercial. O objetivo último é que este trabalho possa colaborar não somente como fonte de estudo na área jurídica, mas também sanar as dúvidas da figura principal deste estudo: o representante comercial.

REFERÊNCIAS

BERTOLDI, Marcelo M. Hipóteses de rompimento do contrato de representação comercial. *In*: BUENO, José Hamilton; MARTINS, Sandro Gilbert (coord.). **Representação comercial e distribuição**: 40 anos da Lei n. 4.886/65 e as novidades do CC/02 (art. 710 a 721): EC 45/04. São Paulo: Saraiva, 2006. p. 410-411.

BRASIL. [Constituição (1998)]. **Constituição da República Federativa do Brasil de 1988**. Brasília, DF: Presidência da República, [20--]. Disponível em: http://www.planalto.gov.br/ccivil_03/Constituicao/Constituiçao. htm. Acesso em: 15 de abr. 2010.

BRASIL. Lei 10.406, de 10 de janeiro de 2002. Institui o Código Civil. **Diário Oficial da União**, Brasília, 10 jan. 2002. Disponível em: http://www.planalto.gov.br/ccivil_03/LEIS/2002/L10406.htm. Acesso em: 26 jan. 2024.

BRASIL. Lei n° 5.869, de 11 de janeiro de 1973. Institui o Código de Processo Civil. **Diário Oficial da União**, Brasília, 11 jan. 1973. Disponível em: http://www.planalto.gov.br/ccivil_03/LEIS/L5869.htm. Acesso em: 26 jan. 2024.

BRASIL. Lei n° 4.886, de 9 de dezembro de 1965: regula as atividades dos representantes comerciais autônomos. **Diário Oficial da União**, Brasília, 9 dez. 1965. Disponível em: http://www.planalto.gov.br/ccivil_03/Leis/L4886.htm. Acesso em: 26 jan. 2024.

BRASIL. Lei n° 8.420 de 8 de maio de 1992: introduz alterações na Lei n° 4.886, de 9 de dezembro de 1965. **Diário Oficial da União**, Brasília, 8 maio 1992. Disponível em: http://www.planalto.gov.br/ccivil_03/Leis/L8420.htm. Acesso em: 26 jan. 2024.

BUENO, José Hamilton; MARTINS, Sandro Gilbert. **Representação comercial e distribuição**: 40 anos da lei 4.886/65 e novidades do CC/02 (arts. 710 a 721). EC 45/04. São Paulo: Saraiva, 2006.

COELHO, Fábio Ulhoa. **Manual de direito comercial**. 11. ed. rev. e atual. São Paulo: Saraiva, 1999.

DINIZ, Maria Helena. **Curso de Direito Civil Brasileiro**: Teoria das Obrigações Contratuais e Extracontratuais. 26. ed. São Paulo: Saraiva, 2010.

MARTINS, Fran. **Contratos e Obrigações Comerciais**. 15. ed. Rio de Janeiro: Forence, 1999.

MEDEIROS, Murilo Tadeu. **Direitos e obrigações do representante comercial**. Curitiba: Juruá, 2002.

MINAS GERAIS. Tribunal de Justiça. **Número do Processo: 2.0000.00.304324-7/000(1)**. Relator: Des. Dorival Guimarães Pereira. Belo Horizonte, 13 de maio de 2000. Disponível em: http://www.jusbrasil.com.br/jurisprudencia/5749568/200000030432470001-mg--2000000304324-7-000-1-tjmg/inteiro-teor. Acesso em: 26 jan. 2024.

NOVARETTI, Guilherme Eduardo. A importância do contrato de representação comercial estabelecido por escrito e os seus principais elementos. **Revista de Representações**, São Paulo, ago. 2008a.

NOVARETTI, Guilherme Eduardo. A comissão do representante comercial. **Revista de Representações**, São Paulo, dez. 2008b.

NOVARETTI, Guilherme Eduardo. Rescisão do contrato por justo motivo pelo representante. **Revista de Representações**, São Paulo, set. 2008c.

PARANÁ. Tribunal de Justiça. **Agravo Interno nº 305467-1/01, de Ponta Grossa - 4ª Vara Cível**. Relator: Des. Luiz Mateus de Lima. Curitiba, 18 de janeiro de 2006. Disponível em: http://www.jusbrasil.com.br/jurisprudencia/6305358/agravo-agv-305467101-pr-0305467-1-01-tjpr/inteiro-teor. Acesso em: 26 jan. 2024.

PREPONENTE. *In*: HOUAISS, Antonio. **Dicionário Houaiss da língua portuguesa**. Rio de Janeiro: Objetiva, 2001. p. 2289.

PROPONENTE. *In*: HOUAISS, Antonio. **Dicionário Houaiss da língua portuguesa**. Rio de Janeiro: Objetiva, 2001. p. 2313.

REQUIÃO, Rubens Edmundo. **Nova regulamentação da representação comercial autônoma**. 3. ed. adapt. ao Código Civil – Lei n. 10.406, de 10 de janeiro de 2002. São Paulo: Saraiva, 2007.

REQUIÃO, Rubens. **Curso de direito comercial**. 27. ed. rev. e atual. São Paulo: Saraiva, 2007. v. 1.

REQUIÃO, Rubens. **Do representante comercial**: Comentários à lei n. 4.886, de dezembro de 1965, à lei n. 8.420, de 8 de maio de 1992, e ao Código Civil de 2002. Rio de Janeiro: Forence, 2008.

SAITOVITH, Ghedale. **Comentários à Lei do Representante Comercial**: Lei 4.886/65, com as Modificações Introduzidas pela Lei 8.420/92. Porto Alegre: Livraria do Advogado, 1999.

SANTA CATARINA. Tribunal Regional do Trabalho da 12ª Região. **Número do Processo: 00571-2007-016-12-00-9.** Juiz: Gerson P. Taboada Conrado. SC, 02 de agosto de 2006. Disponível em: https://www.jusbrasil.com.br/jurisprudencia/trt-12/215673795/inteiro-teor-215673892. Acesso em: 26 jan. 2024. p. 9.

SILVA, De Plácido e. **Vocabulário jurídico**. 9. ed. Rio de Janeiro: Forence, 1986. v. II.

THEODORO JUNIOR, Humberto. Do contrato de agência e distribuição no novo código civil. **Revista da Faculdade de Direito** – Universidade Federal de Minas Gerais, n. 42, 2002. Disponível em: https://www.direito. ufmg.br/revista/index.php/revista/article/view/1252. Acesso em: 26 jan. 2024.